C.H.BECK  WISSEN

in der Beck'schen Reihe

Georg Bossong beschreibt anschaulich Geschichte und Kultur der spanischen Juden von den Anfängen in der Antike bis heute. Er schildert die glanzvolle Zeit unter islamischer Herrschaft sowie die Bildung neuer kultureller Zentren nach der Vertreibung aus Spanien im Jahre 1492. Saloniki avancierte nun zum «Jerusalem des Balkans». Im 20. Jahrhundert traf der Holocaust die Sepharden bis ins Mark. Israel und andere Länder nahmen die Überlebenden auf, die bis heute an ihrer faszinierenden jüdisch-spanischen Sprache und Kultur festhalten.

Georg Bossong ist Professor für romanische Philologie an der Universität Zürich. Bei C.H.Beck erschienen von ihm bereits «Das Maurische Spanien» (2007) sowie die Anthologie «Das Wunder von al-Andalus. Die schönsten Gedichte aus dem Maurischen Spanien» (2005).

Georg Bossong

DIE SEPHARDEN

Geschichte und Kultur der
spanischen Juden

Verlag C. H. Beck

Mit 8 Abbildungen und 2 Karten

Originalausgabe
© Verlag C.H. Beck oHG, München 2008
Satz: Fotosatz Reinhard Amann, Aichstetten
Druck und Bindung: Druckerei C.H. Beck, Nördlingen
Umschlagabbildung: Detail des Wappens des Vereinigten
Königreichs von Kastilien und Léon, Spanien, ca. 1300
Umschlaggestaltung: Uwe Göbel, München
Printed in Germany
ISBN 978 3 406 56238 9

www.beck.de

Inhalt

Zur Transkription und Aussprache
des Hebräischen

In diesem Buch wird eine gegenüber dem wissenschaftlichen System vereinfachte Umschrift des Hebräischen verwendet, die sich an der heute in Israel herrschenden Aussprache orientiert. Man beachte Folgendes: «kh» (lenisiertes «k») und «ḥ» (der Buchstabe *chet*) werden beide heute wie deutsches *ch* in *Bach* gesprochen; «v» (lenisiertes «b») und «w» (der Buchstabe *waw*) werden beide wie deutsches *w* gesprochen; «sh» wie im Englischen, also wie deutsches *sch*; «z» ist ein weiches, stimmhaftes *s* wie in *See;* «y» entspricht dem deutschen *j*; «q» wird wie *k* gesprochen; «t» und «ṭ» werden gleich ausgesprochen; í und ʻ werden beide wie der deutsche Knacklaut gesprochen. *(ʼeine ʼalte ʼEiche)*; im Auslaut ist ʼ stumm. Für Kenner des Hebräischen sei noch angemerkt, dass fast alle konsonantischen Unterscheidungen in der Umschrift repräsentiert sind, außer *samekh* und *sin;* bei den Vokalen wird zwischen *shewa naʻ* und den anderen *e*-Lauten nicht differenziert. Bekannte biblische Namen werden in ihrer eingedeutschten Form zitiert, in der Regel auch dann, wenn sie als Vornamen dienen.

Einleitung

Sepharden? Spanische Juden? Wir Deutsche kennen Juden als Israelis, Amerikaner oder Russen, auch Deutsche natürlich, aber Spanier? Im allgemeinen Bewusstsein ist das spanische Judentum hierzulande wenig präsent. Und doch waren die Juden spanischer Herkunft viele Jahrhunderte lang in der jüdischen Weltgemeinschaft die führende Kraft, von ihnen gingen die entscheidenden Impulse für die geistige Weiterentwicklung des Judentums aus, das sie zutiefst geprägt haben. Die großen Dichter und Philosophen waren spanischer Herkunft, in Spanien erlebte die jüdische Kultur ihr goldenes Zeitalter. Umso gravierender waren die Konsequenzen der Vertreibung aus Spanien im Jahre 1492, sowohl für die Juden selbst als auch für das Land, das sie auswies oder zur Taufe zwang. In Spanien entstand unter den zum Christentum übergetretenen Sepharden ein Kryptojudentum, das die Inquisition auf den Plan rief; daraus erwuchs eine unheilvolle Spaltung der spanischen Gesellschaft in «alte» und «neue» Christen, die zu traumatischen Verwerfungen führte. In der Diaspora hingegen konnten sich die Sepharden vielfach frei entfalten und trugen so zum kulturellen und wirtschaftlichen Aufschwung des Osmanischen Reichs und der Niederlande bei. Bis 1650 waren die Sepharden im Judentum demographisch in der Mehrheit und kulturell wie religiös tonangebend. Erst später fielen sie gegenüber der neuen Kraft der Aschkenasen zurück; bis heute spielen sie jedoch eine wichtige Rolle, bis hin zur Innenpolitik des Staates Israel. Von der langen und wechselvollen Geschichte der Sepharden, die im deutschsprachigen Raum trotz ihrer Bedeutung immer noch zu wenig bekannt ist, handeln die folgenden Seiten.

Beginnen wir mit einer Begriffsbestimmung. Das Weltjudentum zerfällt, wie soeben schon angedeutet, in zwei Hauptzweige, die Sepharden und die Aschkenasen, die sich seit dem Ende

Der aschkenasische Oberrabbiner Yona Metzger (links) und der sephardische
Oberrabbiner Shlomo Moshe Amar (rechts) anlässlich ihres Besuchs bei Papst
Benedikt XVI. in Castel Gandolfo am 16. September 2005

der Antike getrennt entwickelt haben. Das Aschkenasentum
entstand in Deutschland, vor allem in den rheinischen Gemeinden Speyer, Worms und Mainz; von dort strahlte es nach Frankreich aus, wo in Troyes der große Bibelkommentator Rashi
wirkte (Abkürzung für Rabbi Shelomo Isaak, 1040–1105). Im
Spätmittelalter verlagerte sich nach den Verfolgungen und Vertreibungen der westeuropäischen Juden der Schwerpunkt nach
Osteuropa, nach Polen, Litauen, Russland und in die Ukraine.
Mit der Emanzipation der Juden im 18. und 19. Jahrhundert
gewann das Aschkenasentum stetig an Bedeutung und übernahm schließlich die Führungsrolle. Das Sephardentum hingegen hat seine Wurzeln in Spanien. Es blühte nach der muslimischen Eroberung der Iberischen Halbinsel auf und hatte seine
große Zeit unter arabischen und später unter christlichen Herrschern im mittelalterlichen Spanien. Nach der Vertreibung von
1492 breiteten sich die Sepharden in Nordwesteuropa, Italien,
Nordafrika und im Orient aus und entwickelten sich vor allem
im Osmanischen Reich zu einer bedeutenden Gruppe. Die traditionelle Sprache der Sepharden ist das Judenspanische, fälschlich auch Ladino genannt, eine Sonderform des Spanischen, die

sich nach der Vertreibung aus der iberischen Heimat herausbildete. Die Sprache der Aschkenasen ist das Jiddische oder Judendeutsche, das auf dem Mittelhochdeutschen basiert und in den Jahrhunderten der osteuropäischen Diaspora seine Besonderheiten entfaltet hat.

Bis heute bestehen die beiden Gemeinschaften nebeneinander. Den Versuchen, die Unterschiede im «melting pot» Israel einzuebnen, war wenig Erfolg beschieden. Jeder Jude weiß genau, ob er aschkenasischer oder sephardischer Herkunft ist; schon an den Familiennamen ist dies eindeutig erkennbar. Mischehen zwischen Sepharden und Aschkenasen sind zwar nicht verboten, aber immer noch ungern gesehen. An der Spitze des Weltjudentums stehen in Jerusalem zwei Oberrabbiner, ein aschkenasischer und ein sephardischer. Beide Oberrabbinate wurden, auf der Basis alter Traditionen, von der britischen Mandatsregierung über Palästina im Jahre 1920 eingesetzt. Der sephardische Oberrabbiner trägt den Ehrentitel *rishon le-Tsion,* der «Erste zu Zion» (vgl. Jes. 41.27); bei öffentlichen Auftritten erscheint er in einem reich bestickten Talar und einem runden Hut, in sichtbarem Gegensatz zu seinem aschkenasischen Kollegen, der die schwarze Tracht der Orthodoxen trägt. Seit 2003 amtieren Yona Metzger als aschkenasischer und der aus Marokko stammende Shlomo Amar als sephardischer Oberrabbiner – beide sind politisch umstritten. Im Allgemeinen kann man sagen, dass Juden aus Europa (einschließlich Russland) und Amerika meist Aschkenasen, Juden aus Nordafrika und dem Orient immer Sepharden sind, auch wenn ihre Vorfahren nicht aus Deutschland oder Spanien stammen. Wer seine Herkunft direkt von den 1492 aus Spanien vertriebenen Juden ableiten kann, nennt sich stolz *sephardi ṭahor,* «reiner Sepharde»; dass Juden orientalischer Herkunft heute ebenfalls zu den Sepharden gerechnet werden, wird von vielen Spanischblütigen nicht gern gesehen.

Zwischen den beiden Zweigen gibt es keine Divergenz in Glaubensfragen; es handelt sich also nicht um einen konfessionellen Unterschied wie zwischen Katholiken und Protestanten. Beide Gruppen glauben an den einen Gott, der sich Moses offen-

bart hat, beide berufen sich auf den Talmud als Lebensgrundla-
ge. Die Unterschiede betreffen Sitten und Gebräuche (hebr. *min-
hag*), die Lebensweise und Essgewohnheiten, den Ritus und die
Liturgie sowie die konkrete Auslegung einzelner biblischer Vorschriften, die manchmal bei den Sepharden, öfter aber bei den
Aschkenasen strenger ausfällt. Die Sepharden richten sich nach
der Gesetzeskompilation *Shulḥan ʿarukh*, «der gedeckte Tisch»,
des in Toledo geborenen Joseph Caro (1488–1575), während
die Aschkenasen sich an den Kommentaren und Ergänzungen
des polnischen Rabbiners Moses Isserles (1525–1572) orientie-
ren, die den Titel *Mappa*, «Tischdecke», tragen – also eine aschkenasische Decke auf einem sephardischen Tisch. Dieses Bild
kann man als Symbol für die Entwicklung des Judentums in der
Neuzeit sehen: die aschkenasische Weiterentwicklung der von
den Sepharden gelegten Grundlagen.

Ein auf den ersten Blick nebensächlich erscheinender, für die
kulturelle Identität jedoch wichtiger Punkt ist die Aussprache
des Hebräischen. Die heilige Sprache der Juden war zwar schon
im zweiten vorchristlichen Jahrhundert als lebendige Umgangssprache ausgestorben, wurde aber all die Jahrhunderte hindurch
stets in den Schulen gelernt und aktiv gepflegt. Da niemand genau wusste, wie das biblische Hebräisch ursprünglich klang,
konnten sich unter den getrennt voneinander lebenden Juden in
Mitteleuropa und in Spanien unterschiedliche Aussprachetradi-
tionen herausbilden. Die aschkenasische Aussprache des Hebräischen ist vom Deutschen mit seinem starken Wurzelakzent
beeinflusst; dementsprechend werden die Wörter auf der ersten
Silbe betont. Im Unterschied dazu überwiegt in der sephardischen Aussprache die Endbetonung. Auch in der Realisierung
einzelner Vokale und Konsonanten gibt es charakteristische Unterschiede. Der Name des geheiligten Ruhetages wird von den
Sepharden *shabbát* ausgesprochen, von den Aschkenasen hingegen *shábbes;* den jüdischen Vorschriften entsprechende Spei-
sen sind *kashér* für die Sepharden (vgl. franz. *cachère*), hingegen
kósher für die Aschkenasen; das Fest der «Tora-Freude» heißt
sephardisch *simḥát torá*, bei den Aschkenasen wird ein Lied gesungen mit dem Titel *símches tóire*. Aus solchen Unterschieden

ergibt sich eine ganz andere Sprachmelodie, ein anderer Rhythmus beim Gebet, bei der Bibelrezitation und im synagogalen Gesang. Die Wiederbelebung des Hebräischen in Palästina am Ende des 19. und Anfang des 20. Jahrhunderts wurde zwar von Aschkenasen verwirklicht, diese haben aber nicht ihre eigene Aussprache, sondern diejenige der Sepharden eingeführt, so dass das heute in Israel gesprochene Hebräisch einen klar sephardischen Charakter trägt.

Im Jahre 1838 beschrieb ein anonymer deutscher Aschkenase die Hamburger Sepharden. Deren Habitus, Ritus und Aussprache des Hebräischen kam ihm überaus «exotisch», aber auch besonders «edel» vor. Er berichtet unter anderem Folgendes: Judendeutsch sei völlig unbekannt, in den Familien spreche man Plattdeutsch. Die in der Synagoge verlesenen Bibel- und Gebetsübersetzungen seien alle auf Spanisch (Ladino). Abkündigungen im Gottesdienst würden auf Portugiesisch verlesen; auch die Buchführung der Gemeinde erfolge in dieser Sprache. Die Unterschiede in der Aussprache des Hebräischen werden detailliert geschildert. Schließlich bringt er das Empfinden eines Aschkenasen folgendermaßen zum Ausdruck: «Bei einiger Routine attachirt man sich sehr an diese Aussprache, und ich möchte herzlich wünschen, daß sie in Deutschland allgemein eingeführt würde ..., denn ihr ungemeiner dem Spanischen gleichkommender Wohlklang lehrt uns erst, mit welchem Recht die Sprache unserer Väter auf den Ruhm einer sonoren, musikalischen Anspruch machen kann ... Ihre Einführung wäre für uns das wirksamste Mittel gegen das Jüdeln.» Nach Auffassung unseres Autors herrsche bei den Sepharden «tiefe, an Haß grenzende Verachtung gegen die deutschen Juden (Tedescos)». Ehen mit Aschkenasen seien strengstens verpönt, solche Ehemänner würden als Unverheiratete behandelt. Dies alles sei damit zu erklären, «daß so viele Familien von Rang, Reichthum und Weltbildung, angethan mit aller castilischen Grandezza und mit der nie ersterbenden Hoffnung einer baldigen Rückkehr in das unvergessene Vaterland, plötzlich unter Glaubensbrüder versetzt wurden, die sie noch weit tiefer unter sich stehend fanden, als wir etwa die Juden in Podolien in einem ähnlichen Fall finden würden». Dieses Bild prägte jahrhundertelang das Verhältnis zwischen Sepharden und Aschkenasen.

Im Mittelalter kamen auf etwa eineinhalb Millionen Sepharden nur etwa eine halbe Million Aschkenasen. Um 1650 kreuzen sich die demographischen Entwicklungslinien. Die aschkenasische Bevölkerungszahl steigt steil an, während die sephardische stagniert. Im 20. Jahrhundert sind etwa 85 % der jüdischen Weltbevölkerung von insgesamt dreizehn Millionen Menschen Aschkenasen. Der Rest von 15 % umfasst die «reinen» Sepharden ebenso wie die Juden arabischer, iranischer, indischer und sonstiger Herkunft, die man eigentlich korrekterweise als *mizraḥim* («Orientalen») bezeichnen sollte. In Israel leben etwa 700 000, in Frankreich 330 000 sephardische Juden; in den USA, dem Land mit der größten jüdischen Bevölkerung (annähernd sechs Millionen), stellen die Sepharden eine winzige Minderheit von etwa 1 % dar. Wenn man in Israel die *mizraḥim* hinzurechnet, die zwar nicht spanischer Abstammung sind, aber die sephardischen Riten und Regeln befolgen, ergibt sich ein ungefähres Gleichgewicht zwischen sephardischen und aschkenasischen Juden (jeweils ca. 2,8 von 5,6 Millionen), eine Proportion, die von derjenigen des Weltjudentums insgesamt deutlich abweicht. Dies liegt einerseits an der starken orientalischen Präsenz auf israelischem Boden, andererseits an der absoluten aschkenasischen Dominanz in Amerika und Russland.

Die Sepharden gelten im heutigen Israel als Vertreter eines Traditionalismus, der sich gegen die säkularen Lebensformen der Gegenwart richtet. Die 1984 gegründete, als «ultrakonservativ» eingestufte Shas-Partei ist entstanden als sephardische Reaktion gegen die aschkenasische Dominanz; eine der Lesarten des Parteinamens ist *Sephardische Hüter der Tora*. Ihr Gründer und geistlicher Führer, Yoseph Ovadia (geb. 1920), ist ein früherer sephardischer Oberrabbiner mit extrem fundamentalistischen Ansichten. Es ist ein weiter Weg von der sephardischen Aufklärung, wie sie etwa von dem (arabisch schreibenden!) Maimonides vertreten wurde, bis zu den Hasstiraden von Rabbi Yoseph, der den Arabern die Vernichtung wünscht.

Die Namen der beiden Hauptströmungen des Judentums sind

aus der Bibel abgeleitet, die in ihrem zweitausendjährigen Exil eine Art immaterielle Heimat bildete. Alles wurde auf den heiligen Text bezogen, alles sah man in seinem Licht. So wurden auch die Länder und Völker, mit denen sie es im Guten wie im Bösen zu tun hatten, mit Namen und Gestalten aus der Bibel gleichgesetzt. Von einem im modernen Sinne historisch korrekten Verständnis der heiligen Schrift war man noch Jahrhunderte entfernt. *Sepharad* ist der traditionelle Name, den die Juden der Iberischen Halbinsel gaben. Dieser Name kommt in der Bibel ein einziges Mal vor, in Vers 20 beim Propheten Obadja. Wie bei vielen biblischen Ortsnamen ist die geographische Lokalisierung schwierig. In der lateinischen Bibelübersetzung wurde der Name wegen des lautlichen Anklangs mit dem *Bosporus* gleichgesetzt. Heute weiß man mit ziemlicher Sicherheit, dass die kleinasiatische Stadt *Sardes* gemeint ist, ein Ort in Lydien (heute in der Türkei). Die mittelalterlichen Kommentatoren identifizierten wegen einer vagen lautlichen Nähe *Sepharad* mit «Spanien», und dies hat sich im Hebräischen allgemein durchgesetzt. Im oben genannten Vers des Obadja kommt übrigens noch der Name *Tsarphat* vor, der sich vermutlich auf eine phönizische Stadt an der (heute libanesischen) Mittelmeerküste bezieht; dieser Ortsname wurde auf Frankreich bezogen, *tsarphati* ist bis heute das hebräische Wort für «französisch». Das biblische *ashkenaz* bezieht sich nicht auf einen Ort, sondern auf eine Person, und zwar auf den ersten Enkel Japhets, der ein Sohn des Noah war und nach der Sintflut die Menschheit mit neubegründete (siehe Gen. 10.3); ursprünglich waren die «Germanen» nach Japhets drittem Enkel *Togarma* benannt, aber seit dem 9. Jahrhundert bevorzugte man den Namen des erstes Enkels *Aschkenas* zur Bezeichnung von «Deutschland». Während *sephardi* und *tsarphati* bis heute im Hebräischen die entsprechenden Völker und Sprachen bezeichnen («spanisch» bzw. «französisch»), hat sich *ashkenazi* nur im religiösen Sinn durchgesetzt; «deutsch» heißt heute *germani*.

Auch die Herrscher und Reiche wurden biblisch gedeutet. Für die muslimische Herrschaft stand *Yishma'-El (= Ismael)*, der Sohn, den Abraham mit seiner ägyptischen Magd Hagar außerehelich gezeugt hatte (Gen. 16.11). Wie in Gen. 21 erzählt wird, verstieß Abraham Ismael und schickte ihn in die Wüste, während er Isaak zu seinem rechtmäßigen Erben erklärte; dennoch lag auch auf Ismael der Segen Gottes. Für die Juden spiegelt sich in dieser Geschichte das Verhältnis ihrer eigenen Religion zum Islam: beide Glaubensgemeinschaften berufen sich auf Abraham, beide wurden von Gott gezeugt, aber der Islam stammt von der Magd, das Judentum hingegen von der Ehefrau ab. Auch das Christentum erhielt eine biblische Verortung; es wurde mit *Edom* gleichgesetzt, einer Landschaft mit «roter Erde» in Palästina. Demgemäß entstand, nach jüdischem Selbstverständnis, das mittelalterliche Sephardentum unter der Herrschaft von «Ismael», das Aschkenasentum hingegen unter der Herrschaft von «Edom».

I. Die Juden in Spanien

Erste Spuren

Semiten lebten seit dem Morgenrot der Geschichte auf der Iberischen Halbinsel. Die Phönizier, ein mit den Hebräern eng verwandtes semitisches Volk, das Handelsniederlassungen im ganzen Mittelmeerraum unterhielt, bauten um 1100 v. Chr. den Naturhafen Cádiz zur Stadt aus. Ob auf der weiten Fahrt von Tyrus (im heutigen Libanon) bis jenseits der Straße von Gibraltar auch Hebräer mit an Bord waren, kann heute niemand wissen, es ist aber nicht auszuschließen. Die punischen Karthager übernahmen die Stadt 501 v. Chr. Weitere Siedlungen kamen hinzu; von besonderer Bedeutung wurde Cartagena, vom phönizischen *Qart ḥadash* («neue Stadt»). Nachdem sich die Situation zwischen den rivalisierenden Seemächten Rom und Karthago im 3. Jahrhundert v. Chr. dramatisch zugespitzt hatte, brachte der Zweite Punische Krieg (218–201 v. Chr.) die entscheidende Wende. Die Auseinandersetzungen begannen an der spanischen Levanteküste, es ging um die Herrschaft über die Iberische Halbinsel. Aus dem an dramatischen Geschehnissen reichen

Krieg (man erinnere sich an Hannibals Alpenüberquerung) ging am Ende Rom als Sieger hervor; Iberien wurde romanisiert, weshalb dort heute romanische Sprachen gesprochen werden und keine semitischen Abkömmlinge des Phönizischen. Die Iberische Halbinsel wurde zu einer der wichtigsten Regionen des immer weiter expandierenden Römischen Reiches.

Noch ein anderer möglicher Kontakt hat Spuren hinterlassen. In der Bibel wird mehrfach die Stadt *Tarshish* erwähnt, wohin große, seetüchtige Schiffe fuhren. Von König Salomo wird berichtet, dass seine «Tarshish-Schiffe» alle drei Jahre reich beladen mit «Gold, Silber, Elfenbein, Pfauen und Affen» zurückkehrten (1 Kön 10.22). Der Prophet Jona wollte dem Befehl Gottes zur Predigt ans «äußerste Ende der Welt» entfliehen, also nach Tarshish (Jona 1.3). Dem Propheten Hesekiel zufolge (27.12) kamen aus Tarshish Silber, Eisen, Zinn und Blei. Es gibt gute Gründe, das biblische Tarshish mit der bei Herodot, Strabo und Plinius beschriebenen Stadt Tartessos im Mündungsgebiet des Guadalquivir gleichzusetzen. Hispanien war im Altertum berühmt für seinen Reichtum an Erzen. Nach diesen Zeugnissen erscheint es plausibel, dass hebräische (oder phönizisch-hebräische) Seefahrer lange vor Ankunft der Römer regelmäßigen Handelsverkehr mit den Häfen im äußersten Süden der Iberischen Halbinsel, im Mündungsgebiet des Guadalquivir, betrieben haben. Bewiesen ist dies allerdings nicht; die Deutung der «Tarshish-Schiffe» von König Salomo bleibt umstritten.

Archäologisch greifbar wird die jüdische Präsenz auf der Iberischen Halbinsel erst im römischen Kaiserreich. Nach der Eroberung von Palästina und der Zerstörung des Tempels von Jerusalem durch Titus im Jahr 70 n. Chr., am 9. Av nach jüdischem Kalender, wurden die Juden «zerstreut unter alle Völker», es begann ihre nahezu zweitausendjährige Diaspora (hebr. *galut*). Zwar hatten auch zuvor schon bedeutende jüdische Gemeinden außerhalb von Palästina bestanden, etwa im kosmopolitischen Alexandria in Ägypten, aber nun war das politische und religiöse Zentrum vernichtet. Die Juden breiteten sich im ganzen Imperium aus und kamen so auch nach Spanien. Sie siedelten besonders in den Hafenstädten der Levante und der Balearen, so in Tarragona und auf Menorca, wo hebräische Inschriften ihre Präsenz belegen, aber auch im Landesinneren in Granada, Córdoba oder Zaragoza. Mit Handel und Handwerk, aber auch mit Landwirtschaft und Weinbau bestritten sie ihren Lebensunterhalt. Verfolgungen waren sie von Seiten der römischen Staatsgewalt nicht mehr ausgesetzt, so lange, bis das aus dem Judentum entstandene, diesem aber bald Konkurrenz bietende Christentum an die Macht gelangte.

Für die Christen war es unannehmbar, dass die Juden die Gottessohnschaft von Jesus nicht anerkannten; zudem waren sie ihnen als «Gottesmörder» verhasst, weil sie nach dem Bericht der Evangelien für Jesus die Kreuzigung gefordert hatten. So wurden sie zu dem mythisch überhöhten Feind gestempelt, den das expandierende Christentum zu seiner inneren Festigung brauchte. Die Juden ihrerseits nahmen Anstoß daran, dass dem einen Gott mit der sich herausbildenden Trinitätslehre und dem Marienkult andere Götter zur Seite gestellt wurden. Trotz solcher theologischer Divergenzen lebten Juden und Christen im späten Kaiserreich meist noch einträchtig nebeneinander. Aber die Ausgrenzung begann früh. Schon 305 n. Chr., noch vor dem ersten ökumenischen Konzil von Nicäa, wurde auf der ersten Synode der spanischen Bischöfe in Elvira (dem heutigen Granada) nicht nur die Kirchendisziplin reformiert und verschärft, etwa bezüglich der Ehelosigkeit der Priester, sondern es wurden auch erstmals Regeln für das Zusammenleben von Christen und Juden aufgestellt: sexuelle Beziehungen und eheliche Verbindungen zwischen Juden und Christen wurden untersagt; christliche Gläubige durften nicht mehr mit Juden an einem Tisch essen, und Juden war es nicht mehr erlaubt, die Feldfrüchte von Christen zu segnen – aus solchen Verboten kann man schließen, dass es bis dahin rege Kontakte gegeben hatte. Dies war jedoch erst der Anfang der Prüfungen, welche die Juden im christlichen Spanien im Altertum zu bestehen hatten. In immer neuen Abwandlungen und Verschärfungen durchziehen ungezählte Verbote und Segregationsgesetze die Jahrhunderte des späten Imperiums und der darauf folgenden Herrschaft der Westgoten.

Eine Minderheit im Westgotenreich

Im Jahre 395 wurde das Imperium in ein West- und ein Oströmisches Reich geteilt. In der Folge geriet der Westen nach und nach unter die Herrschaft germanischer Stämme, es begann die Zeit, die wir «Völkerwanderung», Franzosen, Italiener und Spanier hingegen «Invasion der Barbaren» nennen. Die Westgoten, die nach langer Wanderung ein ephemeres Reich in Südfrankreich mit der Hauptstadt Toulouse gegründet hatten, drangen im späten 5. Jahrhundert über die Pyrenäen nach Spanien vor. Unter dem Ansturm der Franken zerbrach das Toulouser Reich, so dass den Westgoten seit 507 nur noch die Herrschaft über Hispanien blieb. 560 machten sie Toledo, im geographischen Zentrum der Halbinsel gelegen, zu ihrer Hauptstadt.

Die Westgoten hingen zunächst der arianischen Variante des Christentums an. Nach der Lehre des Arius war Jesus gottähnlich, aber nicht gottgleich; diese Auffassung war zwar schon 325 in Nicäa zurückgewiesen worden, aber erst 381 auf dem Konzil von Konstantinopel gelangte die Idee von der Gottgleichheit Jesu endgültig zum Sieg, worauf der Arianismus als unorthodox verketzert wurde. Einige germanische Stämme verharrten trotzdem noch lange bei dieser Glaubensrichtung. Solange die Westgoten dem Arianismus anhingen, tolerierten sie die Juden in ihrem Reich, weil sie in ihnen keine Bedrohung der christlichen Orthodoxie sahen. Diese Einstellung änderte sich grundlegend, als sich im Jahre 587 der gotische König Rekared zum katholischen Christentum seiner hispano-romanischen Untertanen bekehrte, ein Ereignis von fundamentaler Tragweite für die spanische Geschichte. Mit dieser Konversion wollte Rekared die religiöse Spaltung des Reiches in Katholiken und Arianer überwinden und einen einheitlichen Glauben für alle verbindlich machen. Damit wurden die Juden, bis dahin geduldet in einem plurikonfessionellen Staat, zur einzigen religiösen Minderheit überhaupt. Dies bedeutete das Ende der Toleranz.

Die wichtigste normgebende Institution waren die Konzilien von Toledo, in denen die Beziehungen zwischen dem – von den

Westgoten regierten – Staat und der – vom hispano-romanischen Klerus getragenen – Kirche geregelt wurden. Diese Konzilien legten auch die Richtlinien für den Umgang mit den Juden fest. Schon 589 wurden im 3. Konzil von Toledo den Juden eheliche Verbindungen mit Christen untersagt; sie durften keine öffentlichen Ämter bekleiden, und sie konnten keine Sklaven mehr erwerben. Waren die ersten beiden Punkte hinnehmbar, so war das Verbot des Sklavenerwerbs eine Maßnahme, die sie ins Mark traf. Das ganze Wirtschaftssystem der damaligen Zeit basierte auf dem aus der Antike ererbten Sklavenwesen; Sklaven waren unerlässlich für die Bewirtschaftung der landwirtschaftlichen Betriebe und der Handwerksunternehmen. Dieses Verbot blieb denn auch in der Praxis unbeachtet; um seine konkrete Durchsetzung machten sich weder Rekared noch seine unmittelbaren Nachfolger Sorgen.

Dies änderte sich unter König Sisebut. Dieser war von echtem religiösem Eifer erfüllt und empfand die Präsenz einer nichtchristlichen Minorität in seinem Reich als unerträglich. Vor allem sah er die Gefahr, dass Juden ihre christlichen Sklaven zur Apostasie verführen könnten. Deswegen erließ er 612 ein Gesetz, wonach Juden nicht nur keine Sklaven erwerben, sondern auch die bereits erworbenen nicht behalten durften, eine absolut unerträgliche Regelung. Und er ging noch weiter. Angesichts der drohenden Unwirksamkeit seines Dekrets stellte er die Juden vor die Wahl, sich taufen zu lassen oder aber das Land zu verlassen. Diese erste Zwangsbekehrung, verbunden mit dem ersten Ausweisungsdekret, in der spanischen Geschichte ist nach neuesten Forschungen auf die Jahre 615/616 zu datieren. Sisebut legte damit die Basis für das Judenproblem auf der Iberischen Halbinsel. Er ist der eigentliche Begründer des spanischen Antijudaismus, fast neun Jahrhunderte vor der Inquisition und den Katholischen Königen. Sein verzweifelter Versuch zur Herstellung der religiösen Einheit und zur Abwehr der jüdischen Versuchung trug den Keim all der Konflikte in sich, welche die späteren Jahrhunderte prägen sollten. Seine Maßnahmen konnten nur in eine Sackgasse münden. Es war vorhersehbar, dass die Zwangsgetauften heimlich am Judentum festhalten und bei sich bietender Gelegenheit wieder offen zu ihrer angestammten Religion zurückkehren würden; nach christlicher Überzeugung war aber die Taufe ein unumkehrbares Ereignis, die Rückkehr zu einem nichtchristlichen Glauben undenkbar. Mit diesem Problem hatten die westgotischen Könige während der gesamten Herrschaftszeit, die ihnen verblieb, ständig zu kämpfen. Apostasie nach der Konversion konnte unmöglich geduldet werden, sie musste mit allen Mitteln verhindert werden; Apostaten und Aufforderungen zur Apostasie zu verfolgen wurde zu einer vordringlichen Aufgabe.

Man muss hinzufügen, dass die katholische, also hispano-romanische Geistlichkeit mit gewaltsamen Bekehrungen überhaupt nicht einverstanden war. Sisebuts Maßnahme wurde von den Bischöfen, allen voran dem berühmten Isidor von Sevilla, scharf kritisiert, weil ihm zufolge Bekehrung nur aus freiem Willen und innerer Überzeugung statthaft war. Aber der Konflikt war in der Welt, und alle Nachfolger Sisebuts hatten sich damit auseinanderzusetzen. So verurteilte zwar das 4. Konzil von Toledo das Prinzip der Zwangstaufe, stellte aber dennoch fest, dass die unter Sisebut zwangsgetauften Juden notwendig Christen bleiben müssten, «damit der Name des Herrn nicht geschmäht und der Glaube nicht für gemein und geringschätzig angesehen werde». Kinder von Abtrünnigen waren ihren Eltern zu entziehen und in Klöster zu verbringen. Ehen zwischen Juden und Christen mussten zwangsgeschieden werden. Es entstanden zwei Klassen von Christen, die alten und die neubekehrten *(conversos)*. Den Conversos war der Weg zurück zum Judentum verschlossen; gleichzeitig waren sie jedoch ähnlich diskriminierenden Regeln unterworfen wie die Juden selbst. Dadurch gerieten sie in ein juristisches, soziales und religiöses Niemandsland, mit Konsequenzen, die vermutlich weder die westgotischen Könige noch die hispano-romanischen Bischöfe vorausgesehen hatten. König Chintila berief 636 das 5. toledanische Konzil, auf dem Sisebuts Befehl zu Taufe oder Exil erneuert wurde. Alle «Neuchristen» mussten Papiere *(placita)* unterschreiben, in denen sie gelobten, den katholischen Glauben ohne Vorbehalt zu beachten. Die Geistlichkeit freute sich darüber, dass nun endlich «der unbeugsame Unglaube der Juden gebrochen würde»; an der Treue der Conversos zu ihrem Glauben – ihrer «Verstocktheit» und «Halsstarrigkeit» aus christlicher Sicht – änderte das jedoch nichts.

Das Problem erwies sich als unlösbar. Immer neue Konzilien befassten sich mit den Neuchristen, die Maßnahmen wurden ständig verschärft. 655 drohte das 9. toledanische Konzil jedem Prügel an, der den sonntäglichen Kirchgang verweigerte; Nachbarn wurden zur Denunziation säumiger Neuchristen aufgefordert. 681 wetterte König Erwig: «Reißt die jüdische Pest mit der Wurzel aus!» Die letzten antijüdischen Gesetze erließ das 17. Konzil von Toledo im Jahre 694 unter König Egica. Der Besitz, ja schon die Lektüre jüdischer Schriften war verboten und wurde streng geahndet. Beschneidung, Heiligung des Sabbat, das Zurückweisen von Schweinefleisch – all dies war lebensgefährlich geworden. Beim Verdacht des Judaisierens drohte Auspeitschung und Ausdrehen des Haupthaares (Dekalvation). Das Leben von Kryptojuden (ungetaufte Juden gab es faktisch nicht mehr) war in Spanien unerträglich geworden.

Zur selben Zeit, im Laufe des 7. Jahrhunderts, hatte sich am Rande der bewohnten Welt, in der arabischen Wüste, eine neue Religion herausgebildet, deren Anhänger mit ungeahnter Wucht die Alte Welt überrannten und ihre Reiche zum Einsturz brachten: der Islam. Gegenüber den «Völkern des Buches», also Juden und Christen, übten die Muslime Toleranz; den Juden wurde zwar nur der sozial und politisch untergeordnete Status von *dhimmis*, «Schutzbefohlenen», zuerkannt, aber zumindest konnten sie sich frei und ungehindert zu ihrer Religion bekennen. Deshalb mussten die spanischen Juden die Truppen des Propheten Muhammad als Befreier empfinden, als diese 709 erstmals bei Gibraltar an Land gingen. Nur wenige Jahre später beherrschten sie, mit Ausnahme eines schmalen Saums im Norden, unangefochten die gesamte Iberische Halbinsel. Sicher waren die Juden zu einem nicht unwesentlichen Teil an dieser Eroberung beteiligt; wo sie konnten, öffneten sie den Muslimen Tür und Tor. Das westgotische Staatswesen, durch interne Zwistigkeiten geschwächt, brach in sich zusammen. Für die nächsten vier Jahrhunderte dominierte ein toleranter und insgesamt minderheitenfreundlicher Islam die Geschicke Spaniens. Für die Juden brach eine goldene Zeit an.

Das goldene Zeitalter im Maurischen Spanien

Zwischen dem 8. und 10. Jahrhundert bildete sich in Spanien eine neue, eine sephardische Identität heraus. Vertriebene kamen wieder, Zwangsgetaufte kehrten zum Glauben ihrer Väter zurück. Die Blütezeit des sephardischen Judentums setzte im 10. Jahrhundert ein, unter dem Kalifat von Córdoba. 929 ernannte ʿAbd al-Raḥmân III., Emir aus dem Geschlecht der Umayyaden, sich selbst zum Kalifen und markierte damit eine von Bagdad unabhängige Machtposition. In den Jahrzehnten seiner Herrschaft (912–961) und der seines Sohnes al-Ḥakam II. (961–976) herrschte Frieden im Maurischen Spanien; Wirtschaft, Wissenschaft und Künste gelangten zu höchster Blüte. Das kosmopolitische Córdoba war die mit weitem Abstand größte Stadt Europas und eine der drei größten der damaligen Welt. Die Bibliothek von al-Ḥakam II. umfasste 400 000 Bände. In diesem Umfeld konnte sich auch das jüdische Geistesleben voll entfalten. Es kam zu der welthistorisch einzigartigen Verschmelzung von jüdischer und arabischer Kultur, die das goldene Zeitalter des mittelalterlichen Sephardentums ausmacht.

Wegbereiter dieses Aufschwungs war Ḥasdai ibn Shapruṭ (auch Ḥisdai, 915–970). Der Familienname ist vermutlich spanischer Herkunft und entspricht dem auch heute noch unter Sepharden häufigen Namen *Saporta*. Wie viele seiner Glaubensgenossen war Ḥasdai Mediziner, er wirkte als Leibarzt des Kalifen. 949 ließ der byzantinische Kaiser dem Kalifen ein Manuskript mit der Botanik und Arzneimittelkunde des Dioskorides (40–90 n. Chr.) zukommen, dem wichtigsten Werk dieser Art im Altertum; in Zusammenarbeit mit sprachkundigen Mitarbeitern übersetzte es Ḥasdai aus dem Griechischen via Latein ins Arabische und leistete so einen entscheidenden Beitrag zur Entwicklung der Pharmazeutik in Westeuropa. 953 lei-

tete er die Verhandlungen mit dem Abgesandten des deutschen
Kaisers Otto I. Bald darauf vermittelte er einen Friedensschluss
zwischen León und Navarra; «mit dem Zauber seiner Worte,
der Stärke seiner Weisheit, der Kraft seiner Schläue und seinen
tausend Tricks» brachte er die Königin von Navarra dazu, mit
ihrem Sohn und ihrem Enkel vor dem Kalifen niederzufallen
und seinen Schutz zu erflehen. Zu den Herrschern, mit denen er
korrespondierte, gehörte auch Joseph, König des fernen Khaza-
ren-Reiches (im heutigen Südrussland), des einzigen Reiches,
das geschlossen zum Judentum konvertiert war. Ḥasdais Rang
als Diplomat war unter Muslimen, Christen und Juden unum-
stritten. Als Führer der jüdischen Gemeinde förderte er die
Dichter, Grammatiker und Talmudisten seiner Zeit; auf diese
Weise hatte er entscheidenden Anteil an der Wiederbelebung
des Hebräischen im Westen und dessen Ausbau zu einer universalen Kultursprache.

Auf allen Gebieten etablierten die von Ḥasdai geförderten
Gelehrten die Eigenständigkeit Spaniens gegenüber den traditionellen Zentren des jüdischen Geisteslebens im Orient, insbesondere dem Iraq. Wie die Muslime, waren auch die Juden bereit, von Bagdad zu lernen, wollten aber zugleich von diesem
großen Vorbild unabhängig werden und es übertreffen. Ihre Be-
strebungen passen genau in die Zeit des Kalifats von Córdoba,
das sich von Bagdad losgesagt hatte und ein neues spanisches
Selbstbewusstsein proklamierte.

Ḥasdai trug zudem entscheidend dazu bei, dass sich das Tal-
mud-Studium von den großen Schulen Babylons emanzipierte.
Als Moshe ben Ḥanokh, ein bedeutender Talmudist aus Bagdad,
in Süditalien in die Hände von Seeräubern geriet und in Spanien
in die Sklaverei verkauft wurde, bewirkte Ḥasdai seine Freilas-
sung. Er wurde zum Oberrabbiner und Lehrer der jüdischen
Gemeinde von Córdoba berufen und begründete das Talmud-
Studium im Westen.

Als Ḥasdais Sekretär wirkte zeitweise Menaḥem ibn Saruq
aus Tortosa (920–970), dem wir die erste systematische Erfas-
sung des hebräischen Wortschatzes verdanken. In seinem
schlicht *Maḥberet*, «Heft», titulierten Werk analysierte er die

heilige Sprache nach ihren Wurzeln, wobei er allerdings noch nicht zur Erkenntnis des dreikonsonantigen Charakters der semitischen Sprachen durchdrang. Dies sollte später Yona ibn Djanâḥ aus Córdoba vorbehalten bleiben (990–1050), dem größten Grammatiker und Lexikographen des Hebräischen. Menaḥem fiel später bei Ḥasdai in Ungnade, vermutlich wegen der harschen Kritik, die sein «Heft» aus der Feder von Dunash ben Labraṭ erfuhr.

Ḥasdai förderte auch Dunash ben Labraṭ (920–990) den Begründer der spanisch-hebräischen Dichtkunst. Dunash stammte aus Babylon; auf seiner Reise nach Westen lebte er eine Weile im marokkanischen Fes. Bei seiner Ankunft in Córdoba hatte er bereits die Erfindung im Gepäck, welche die hebräische Dichtung revolutionieren sollte: die Nachbildung der arabischen Metren. Im Arabischen – der Muttersprache aller sephardischen Juden jener Zeit – basieren Vokalsystem und Silbenbau auf Längen und Kürzen, ähnlich wie im Altgriechischen und Lateinischen. So ist auch die Metrik auf Quantitäten aufgebaut. Dichtung im strengen System der klassischen 14 Metren galt als edelste aller Künste. Im Bagdad der Abbasiden hatte die arabische Dichtkunst einen Höchstgrad an Verfeinerung und Ausdruckskraft erreicht. Ziel von Dunash war es, dieses künstlerische Instrumentarium auch im Hebräischen verfügbar zu machen. Damit schuf er die Voraussetzung für den Aufschwung der hebräischen Poesie, für die Hochblüte einer Dichtung, in welcher der biblische Intertext mit arabischer Metaphorik und arabischen Rhythmen zu einer Kunst von beispielloser Komplexität verschmolz. Wie Dunash diese sprachlich-künstlerische Revolution technisch bewerkstelligte, kann hier nicht einmal angedeutet werden. Jedenfalls war er es, der die hebräische Sprache zu neuem, ungeahntem Höhenflug führte und sie auch aus ihrem religiösen Ghetto befreite. In der Sprache von Bibel und Talmud konnte man nun auch die Freuden von Natur und Weingenuss, von Freundschaft und Liebe besingen. Weit öffnete sich die Sprache der Bibel und die jüdische Kultur der Welt und ihren Genüssen.

Dunash war ein streitbarer Geist. An Menaḥems «Heft» übte

er derart beißende Kritik, dass Ḥasdai dem so an den Pranger gestellten seine Gunst entzog. Die Geschichte dieser Auseinandersetzung, die von den Schülern in zweiter Generation weitergeführt wurde, ist ein Zeugnis für die lebhafte intellektuelle Atmosphäre unter den Juden im kalifalen Córdoba.

Die Saat, die von Ḥasdai und seinen Schützlingen im 10. Jahrhundert gelegt worden war, ging im 11. Jahrhundert auf. Das Kalifat zerbrach infolge von Bürgerkrieg in kleine Nachfolgestaaten, die sogenannten Taifa-Königreiche. An diesen lokalen Fürstenhöfen blühte das kulturelle Leben. Wichtige jüdische Gemeinden gab es in Tudela im nordwestlichen Aragón, das zur Taifa von Zaragoza gehörte, in Toledo, Córdoba, Málaga und vor allem in Granada, das geradezu als «Stadt der Juden» (*Gharnâṭa al-Yahûd*) galt: etwa ein Viertel der 25 000 Haushalte waren jüdisch. Lucena, eine Kleinstadt südlich von Córdoba, beherbergte eine jüdische Akademie, aus der viele bedeutende Gelehrte und Dichter hervorgingen. In diesem geistigen Umfeld der Symbiose von hebräischer und arabischer Sprachkultur entstanden Meisterwerke der Dichtung und Philosophie.

Der erste hier zu nennende Name ist Salomo (Shelomo) ibn Gabirol (1020–1057). Er ist eine singuläre Erscheinung, unverstanden in seiner Zeit, ein Dichter und Denker von einsamer Größe. Geboren in Málaga, wohin seine Familie vor den Bürgerkriegswirren in Córdoba geflohen war, verlor er früh seine Eltern. Es verschlug ihn an den Taifa-Hof von Zaragoza, wo er, frühreif und hochbegabt, für seine ungebildeten Zeitgenossen nichts als Verachtung übrig hatte. Mit der jüdischen Gemeinde von Zaragoza überwarf er sich bald und musste fliehen. Zeitweise weilte er in Granada, wo er am Hof von Samuel ha-Nagid (s. u. S. 25 f.) Verständnis und freundliche Aufnahme fand. Seine Spur verliert sich in Valencia, wo er jung verstarb – im Alter von Mozart.

Ibn Gabirol war ein großer Dichter von universalem Rang. Er führte die hebräische Sprache zu bis dahin unbekannten Höhen. Weltliche Themen, wie sie bei den Arabern üblich waren, wechseln mit geistlichen Gedichten ab, deren spirituelle Kraft und Tiefe nach ihm kaum mehr erreicht worden ist. Er ist, um mit

Miguel de Unamuno zu sprechen, ein Dichter des «tragischen Lebensgefühls», dessen verwundete Seele nach Erkenntnis des Göttlichen strebt und dabei alle konfessionellen Schranken weit unter sich lässt. Sein Hauptwerk, der groß angelegte Hymnus «Krone des Königtums», wurzelt im Neoplatonismus; es schildert die Reise der Seele bei der Betrachtung der Schöpfung von den Sternensphären bis hinab in die Tiefen des Selbst. Im Unterschied zu seinen anderen Gedichten benutzt Ibn Gabirol in diesem Werk nicht die Metren der arabischen Dichter, sondern ein anderes aus der arabischen Sprachkultur übernommenes Element: die Reimprosa. Frei und ungebunden fließen die Verse dahin, aber die Strophen werden zusammengehalten durch den Endreim. Diese Sprachform entstammt dem Koran; auch das heilige Buch der Muslime besteht aus freien Hymnen mit Endreim. So hat Ibn Gabirol das im Griechentum wurzelnde neoplatonische Gedankengut, die sprachlichen Inhalte der Hebräischen Bibel und die sprachliche Form des arabischen Koran in einer einzigartigen Synthese miteinander verbunden.

Wie alle jüdischen Intellektuellen seiner Zeit schrieb Ibn Gabirol seine Dichtung auf Hebräisch, seine diskursive Prosa hingegen auf Arabisch. Sein philosophisches Hauptwerk, die «Quelle des Lebens», ist später ins Hebräische und von da ins Lateinische übersetzt worden und hat in dieser Form großen Einfluss auf die scholastische Philosophie ausgeübt. Für die christlichen Platonisten des 12. und 13. Jahrhunderts war «Avicebron», wie man ihn nannte, der edelste aller christlichen Philosophen – man wusste nicht, dass es sich um einen jüdischen Autor handelte! Erst im 19. Jahrhundert entdeckte ein deutscher Jude in der Pariser Nationalbibliothek, dass es sich bei «Avicebron» und Ibn Gabirol, dem hebräischen Dichter, dessen Hymnen und Lieder jedem Sepharden aus der Liturgie vertraut waren, um dieselbe Person handelte. Ibn Gabirol war ein jüdischer Denker, aber sein Denken ist nicht jüdisch geprägt, es steht über den Grenzen der Einzelreligionen.

Samuel (Shemuel) ibn Nagrella, genannt ha-Nagid (993–1056) ist die zentrale Gestalt im Jahrhundert der Taifa-Königreiche. In seiner Zeit spielte er in ähnlicher Weise eine mehrfache Rolle wie zuvor Ḥasdai im Jahrhundert des Kalifats: Samuel wirkte als Mäzen, als Diplomat und Politiker, und als Dichter. Darüber hinaus war er auch ein bedeutender Talmud-Gelehrter, der seine Ausbildung er bei Ḥanokh ben Moshe (gest. 1014) erhalten hatte, dem Sohn von Moshe ben Ḥanokh (s. o. S. 22). Samuel lebte in ärmlichen Verhältnissen in Málaga, wohin sich seine Familie vor den Bürgerkriegswirren in Córdoba geflüchtet hatte, als er wegen seiner meisterhaften Beherrschung des Arabischen von einem Minister des Taifa-Königs von Granada «entdeckt» wurde. Am granadinischen Königshof stieg er zu einem Rang auf, der für einen Angehörigen des verachteten und unterdrückten Volkes der Juden einzigartig war: Er wurde Minister, sogar General, und begleitete in dieser Funktion seinen König bei dessen alljährlichen Feldzügen gegen die Nachbarstaaten. Über die Schlachten, die dabei geschlagen wurden, verfasste er eine Art poetisches Tagebuch, in dem Kampfschilderungen mit frommen Betrachtungen abwechseln – in hebräischer Sprache und in arabischem Versmaß entstand so ein einzigartiges Bild vom rauen Kriegsleben um die Mitte des 11. Jahrhunderts. Seine Dichtung folgt den literarischen Konventionen der Araber; ebenso freimütig wie diese preist er den Sinnengenuss. Aber sie ist auch von tiefem moralischem Ernst durchdrungen; die Vergänglichkeit des Daseins scheint immer durch, der Tonfall wirkt oft geradezu existentialistisch. Dies gilt besonders für die Elegien auf den Tod seines Bruders Isaak (gest. 1041) und die Ermahnungen an seinen Sohn Yehoseph (1035–1066). Selbst einer der größten Dichter, förderte er den granadinischen Dichterkreis, in dem sich die begabtesten Poeten der Zeit versammelten. Als Führer *(nagid)* der Gemeinde von Granada genoss er höchstes Ansehen, sein Rat war in der ganzen jüdischen Welt gefragt. Auf dem Burgberg, wo heute die Alhambra steht, baute er einen prunkvollen Palast, den Ibn Gabirol in einem farbenprächtigen Gedicht geschildert hat.

Das Ende muslimischer Toleranz

Samuels Sohn Yehoseph ist dieser Glanz zu Kopf gestiegen. Ihm fehlte die Weisheit des Vaters. Seine hochfahrende Art und die Zurschaustellung seines Reichtums provozierte den Unmut der berberischen Bevölkerung. Zudem geriet er unschuldig in eine Mordintrige. Der muslimische Rechtsgelehrte Abû Ishâq al-Ilbîrî (gest. 1067) schrieb ein berühmt gewordenes Hassgedicht, in dem er mit viel rhetorischem Schwung sein Gift über die Juden ausgoss, ein einmalig gebliebenes Dokument von islamischem Antijudaismus. Hier ein Zitat: «Der Affe Yehoseph lebt in einem Haus aus Marmor und trägt kostbare Gewänder, während die Muslime trockene Brotkrusten kauen und in Lumpen gehen.» 1066 wurde Yehosephs Palast gestürmt und zerstört, er selbst getötet und sein Leichnam durch die Stadt geschleift; der Mob brach mit Äxten in die Häuser ein und ermordete 1500 jüdische Familien. Dies war das einzige Mal in der langen Geschichte des jüdisch-islamischen Zusammenlebens in Spanien, dass man tatsächlich von einer Art Pogrom sprechen kann. Zwar gab es in späterer Zeit auch Unterdrückung, aber nirgendwo kam es zu blutigen Ausschreitungen und Morden.

Die jüdische Gemeinde war in Granada zu tief verwurzelt, um durch dieses Pogrom ernsthaften Schaden zu erleiden. Ihr war noch eine kurze Blütezeit vergönnt, bevor die Stadt durch die Almoraviden (1090) erobert wurde. Erst die Vernichtung der Taifa-Königreiche durch die Invasion dieser Berber-Dynastie aus Nordafrika setzte dem insgesamt doch harmonischen und fruchtbaren Zusammenleben zwischen Juden und Muslimen ein Ende. Aus vielen Städten, darunter Granada, wurden die Juden ausgewiesen, die Gemeinden aufgelöst. Zwangskonversionen gab es aber noch nicht, diese kamen erst unter der nachfolgenden Dynastie der Almohaden. Jedenfalls begann bereits unter den Almoraviden eine Fluchtbewegung in den christlichen Norden der Halbinsel. Dort herrschte noch die mittelalterliche Toleranz; antijüdische Propaganda von Seiten der Kirche und der religiösen Orden kam erst später auf, und die Könige bedienten sich gerne der mannigfachen Fähigkeiten ih-

rer Juden. Auf den Arztberuf hatten sie praktisch ein Monopol: Es gab wohl keinen christlichen König, der einem nichtjü-
dischen Leibarzt sein Leben und seine Gesundheit anvertraut
hätte!

Kehren wir zurück in das jüdische Granada. Von dort stammt
einer der Großen der hebräischen Literatur, in dessen Leben sich
die Wirren der Zeit unmittelbar widerspiegeln: Moshe ibn ʿEzra
(1055–1135). Seine Ausbildung erhielt er in der jüdischen Akademie von Lucena, wo er griechische Philosophie, arabische
Dichtkunst sowie Bibelkunde und hebräische Sprachfertigkeit
erlernte. Zurückgekehrt nach Granada wurde er vom Taifa-Kö-
nig mit Ehrentitel und Staatsamt versehen, so dass er seine dich-
terischen und philosophischen Talente frei entfalten konnte. Er
lud den jungen Yehuda ha-Lewi zu sich ein und förderte ihn
nach Kräften; die Freundschaft zwischen den beiden Dichter-
fürsten dauerte lebenslang. Sorglos gab man sich im Kreise
hochgebildeter Juden und Araber dem Genuss von Freundschaft, Liebe, Natur und Wein hin und besang all dies in Versen
von höchster Meisterschaft. Die Katastrophe kam mit der al-
moravidischen Eroberung, die den spanischen Islam mit seiner
Toleranz hinwegfegte und die Juden von Granada in alle Winde
zerstreute. Moshe ibn ʿEzra konnte sich anfänglich zwar noch
in der Stadt halten, musste dann aber im Norden Zuflucht su-
chen und führte in Aragón, Katalonien und Kastilien ein unstetes Wanderleben. Am meisten litt er unter dem Verlust der
kunstverständigen Freunde: Den Juden im fremden christlichen
Norden waren die Subtilitäten des in Andalusien kultivierten
Hebräischen unbekannt, sie hatten keinen Sinn dafür. So fristete
der Dichter in einem Umfeld ohne Echo sein Dasein, bitter das
Los beklagend, das ihn getroffen hatte. Der tiefe Riss, der durch
Moshe ibn ʿEzras Leben geht, markiert einen allgemeinen Wen-
depunkt im Leben der Juden; um 1090 entzogen ihnen die neu-
en Herrscher die Gunst, ihre Existenz wurde prekär und ihre freie
Religionsausübung bedroht. Unter den fundamentalistischen
Almoraviden breitete sich erstmals in Spanien ein muslimischer
Antijudaismus aus.

Moshe ibn ʿEzra war ein wahrer Sprachvirtuose. Dem Hebrä-

Der Philosoph Maimonides mit
einer Aristoteles-Handschrift und
der Dichter Yehuda ha-Lewi mit einer
Harfe auf der von Benno Elkan ge-
schaffenen Menora vor der Knesset
in Jerusalem, 1956

ischen entlockte er unerwarteten Wortwitz. In seiner Gedicht-
sammlung «Das Halsband» versammelte er 1200 Gedichte mit
Reimwörtern, die gleich lauten, aber etwas völlig anderes bedeuten – solche Spiele hatte bis dahin noch niemand mit der
heiligen Sprache getrieben. Manche seiner Liebesgedichte sind
von unverblümter, geradezu derber Sinnlichkeit, und er scheute
sich nicht, Zitate aus der Bibel frivol ins Erotische umzudeuten.
Daneben schrieb er aber auch tief empfundene Bußgedichte
(seliḥot), die bis heute in der Liturgie Verwendung finden.

Seine Prosawerke verfasste er auf Arabisch. Von besonderer
Bedeutung ist sein Werk zur hebräischen Dichtkunst, das einzige seiner Art im spanischen Mittelalter. Es trägt den Titel «Das
Buch vom Vortrag und der Erinnerung» und bietet eine detaillierte Geschichte und Regelsammlung des Dichtens in hebräischer Sprache nach arabischem Muster. Kein anderer Autor der
spanisch-jüdischen Klassik hat so intensiv über das eigene Schaffen reflektiert wie Moshe ibn ʿEzra.

Yehuda ha-Lewi (auch Judah Halevi oder ähnlich, 1070–
1145), sein jüngerer Freund und Weggefährte, ist in der jüdischen Welt als der größte aller hebräischen Dichter anerkannt –
kein gebildeter Jude, der nicht einige seiner Gedichte auswendig
könnte! Sein Werk gehört, neben der Bibel, zum zentralen Kern
der hebräischen Sprachkultur. Wie der Bibelkommentator Abra-

Innenansicht der um 1200 erbauten Synagoge in Toledo, die nach der Vertreibung der Juden zur Kirche Santa María la Blanca umgestaltet wurde.

ham ibn 'Ezra (1092–1167) und der Reiseschriftsteller Benjamin von Tudela (2. Hälfte 12. Jahrhundert) wurde Yehuda ha-Lewi in Tudela geboren, einem Ort am Oberlauf des Ebro an der nordwestlichen Grenze von Aragón. Früh kam er nach Granada, wo er nach einem brillanten Debüt in einem Dichterwettstreit im Hause von Moshe ibn 'Ezra gastliche Aufnahme fand. Nachdem die almoravidische Eroberung auch ihn zum Verlassen der Stadt gezwungen hatte, lebte er lange Zeit in Toledo, wo er als Arzt seinen Lebensunterhalt verdiente. Nach der Ermordung seines Förderers Yoseph ibn Ferruziel, auf den er große, geradezu messianische Hoffnungen gesetzt hatte (1109), verließ er Toledo und begann – teilweise in Begleitung seines Landsmannes Abraham ibn 'Ezra – ein unstetes Wanderleben durch das christliche und muslimische Spanien. Die Verachtung, der die Juden ausgesetzt waren, ihre Heimatlosigkeit und Entwurzelung ließen ihm keine Ruhe; er sehnte sich danach, das Land Israel mit eigenen Augen zu sehen. Allmählich reifte in ihm der Entschluss, diesen Wunsch in die Tat umzusetzen. In fortgeschrittenem Alter machte er sich gegen den Rat seiner Freunde 1140 auf die weite und gefahrvolle Reise. In Ägypten wurde er von der dortigen jüdischen Gemeinde wie ein Fürst gefeiert. Danach verliert sich seine Spur. Ob er das Land seiner Sehnsucht tatsächlich gesehen hat oder vorher verschieden ist, weiß man nicht. Die Legende will, dass er im Anblick der Hügel von Jerusalem niederkniete, um ein Gedicht anzustimmen, als er von einem vorüberreitenden Araber mit der Lanze durchbohrt wurde.

Yehuda ha-Lewis dichterisches Werk ist außerordentlich vielgestaltig. Seine weltliche Dichtung umfasst nicht nur Hunderte von Kompositionen in hebräischer Sprache, sondern auch zahlreiche Schlussverse in einer frühen Form des Altspanischen; mit vollem Recht kann man sagen, dass er der erste namentlich bekannte Dichter in spanischer Sprache war. Seine Gedichte auf die Liebe, die Freundschaft, den Wein und die Natur haben die Frische unvergänglicher Jugend bis heute bewahrt. Sein geistliches Œuvre umfasst alle Gattungen der Liturgie; seine Gedichte wurden und werden in der ganzen sephardischen Welt, bis zum fernen Jemen, im Gottesdienst rezitiert oder gesungen. Neben diesen auch von anderen Dichtern kultivierten Gattungen hat er dem Hebräischen zwei ganz eigene Themen neu erschlossen: zum einen Gedichte über die Gefahren der Seefahrt, geschrieben auf seiner Reise über das Mittelmeer; zum anderen Zionslieder, in denen die persönliche Sehnsucht nach dem verheißenen Land in die ewige Sehnsucht des Volkes Israel nach Rückkehr eingebettet ist. Seine große «Zionide» ist bis heute lebendig; sie ist jedem Menschen hebräischer Sprache und Kultur geläufig und wurde häufig übersetzt.

Sein großes Prosawerk ist eine Verteidigung der jüdischen Religion gegen Islam und Christentum. Dieses «Buch vom Argument und Beweis zur Verteidigung der verachteten Religion» (der Titel, der im Deutschen holprig klingt, reimt sich im originalen Arabisch) ist in Form eines Disputs von vier Weisen abgefasst, die alle versuchen, den fiktiven König der Khazaren von der Richtigkeit ihrer Weltanschauung zu überzeugen. Grieche, Muslim und Christ mühen sich vergeblich; nur dem Juden gelingt es, den König zu bekehren. Dieses Werk wurde schon früh aus dem Arabischen ins Hebräische übersetzt und war unter dem Titel *Kuzari*, «der Khazaren-Fürst», im europäischen Judentum ein Buch des Trostes in Zeiten von Not und Verfolgung. Im Unterschied zu Salomo ibn Gabirol, dessen Werk keine konfessionellen Grenzen kennt, ist Yehudas *Kuzari* dezidiert jüdisch, geradezu nationalistisch. Für Yehuda zählt nicht die philosophische Spekulation, sondern nur die historische Erfahrung: Gott hat sich Moses offenbart und das Volk Israel vor allen Völkern auserwählt. Diese geschichtliche Grundlage ist nicht hintergehbar, sie ist keiner logischen Argumentation unterworfen. Das Land, in das Gott sein Volk nach der Erlösung aus ägyptischer Knechtschaft geführt hat, die Gebote und Verbote, die er ihm gab, der ewige Bund, den er mit ihm geschlossen hat, all dies geht eine Verbindung ein, die höher ist als alle am Aristotelismus geschulte Vernunft. Daraus resultierte schließlich Yehudas Sehnsucht nach dem Land Israel: Nur an den konkreten Orten der Offenbarung können Riten und Vorschriften authentisch vollzogen werden, nur dort kann die Vereinigung Gottes mit dem Volk des Bundes verwirklicht werden, und nur durch das israelische Prophetentum gelangen die anderen Völker zu Gott. Mit dieser Auffassung stellt sich Yehuda gegen die aristotelische Renaissance. Seine jüdischen Argumente gegen den griechischen Philosophen korrespondieren mit der muslimischen Aufklärungskritik seines Zeitgenossen al-Ghazâlî (1058–1111). Im 20. Jahrhundert hat der jüdische Religionsphilosoph Franz Rosenzweig (1886–1929) die zentrale Bedeutung Yehudas für eine genuin jüdische Theologie herausgestellt, und zwar nicht nur theoretisch-abstrakt; er hat auch zahlreiche Hymnen des Dichters im Deutschen nachgebildet und ausführlich kommentiert. Sowohl mit seiner Dichtung als auch mit seiner Philosophie hat Yehuda ha-Lewi profunde, dauerhaft nachwirkende Spuren in der jüdischen Kultur hinterlassen.

Die Juden im christlichen Spanien

Der vergleichsweise milden Herrschaft der Almoraviden folgten die Almohaden, deren Ziel es war, einen in ihren Augen authentischen Ur-Islam wiederherzustellen. In ihrem strikt muslimischen Staatswesen war für Andersgläubige kein Platz; die berberischen Almohaden waren denkbar weit entfernt vom toleranten Islam des Maurischen Spanien. ʿAbd al-Muʾmin (gest. 1163), Mitbegründer und Führer der almohadischen Bewegung, stellte 1146 die jüdische Bevölkerung der Hauptstadt Marrakesh vor die Alternative: Konversion zum Islam oder Tod. Nach der almohadischen Eroberung von Spanien standen auch die Juden von Sepharad vor dieser Entscheidung. Die Synagogen wurden zerstört, die jüdischen Gemeinden aufgelöst, die Hochschulen geschlossen. Viele konvertierten zum Schein, praktizierten ihr Judentum heimlich weiter und hofften auf bessere Zeiten; einige wurden zu Märtyrern ihres Glaubens. Wer konnte, floh, wie etwa die Familie des berühmten Philosophen Maimonides (1135–1204), die über Fes nach Ägypten emigrierte, wo man sich frei zum Judentum bekennen konnte. Die meisten sephardischen Juden fanden Zuflucht im christlichen Norden der Halbinsel. Kastilien und Aragón boten den Juden Schutz; sie waren persönliches Eigentum der Könige und daher sicher vor Verfolgung. So verlagerte sich seit Mitte des 12. Jahrhunderts der Schwerpunkt des sephardischen Judentums vom muslimischen in das christliche Spanien.

In dieser Epoche kämpften Christentum und Islam auf der Iberischen Halbinsel um die Entscheidung. Vorüber waren die Zeiten gegenseitiger Duldung und Achtung. Mit den Almohaden konnte es auf Dauer keinen Frieden geben. So wurde mit wechselndem Schlachtenglück gekämpft. 1195 siegten die Muslime ein letztes Mal in Alarcos; dann fügten ihnen 1212 die vereinigten christlichen Heere die vernichtende Niederlage von Las Navas de Tolosa zu. Zwischen 1229 und 1248 fielen nacheinander Mallorca, Córdoba, Valencia, Murcia, die Algarve und Sevilla an die Christen. Mitte des 13. Jahrhunderts war die «Große Reconquista» abgeschlossen. Nur der äußerste Südosten der Halbinsel verblieb noch in muslimischer Hand, wo die Dynastie der Nasriden das Königreich von Granada bis zur Eroberung von 1492 regierte.

Auf ihrem unaufhaltsamen Vorstoß nach Süden und Osten nahmen die Könige von Kastilien und Aragón die blühenden

Städte und Ländereien des Maurischen Spanien in Besitz, wo bis zur Ankunft der Almohaden Muslime und Juden friedlich zusammengelebt hatten. Die beiden Glaubensgemeinschaften wurden unterschiedlich behandelt. Die muslimische Bevölkerungsmehrheit, vor allem die Haus- und Grundbesitzer, wurden vertrieben, ihr Eigentum verteilten die Eroberer unter sich. Christianisierung bedeutete, dass das Land mit allen Reichtümern in christliche Hände überging. Von diesem Prozess der «Aufteilung» legen die zahlreich erhaltenen *Libros de repartimiento* in Kastilien, *Llibres de repartiment* in Aragón detailliert Zeugnis ab. Die Juden hingegen durften bleiben, vielfach wurden sie sogar für erwiesene Dienste mit ehemals muslimischem Besitz belohnt. Freie Religionsausübung war gewährleistet. Dabei handelten die Könige nicht ganz uneigennützig, vielmehr zogen sie vielfältigen Nutzen aus den Fähigkeiten und Verbindungen der Juden, die als Dolmetscher, Diplomaten, Ärzte und Steuereinnehmer dienten; der internationale Handel lag in jüdischen Händen. In den großen Städten bildete sich eine Art jüdische Aristokratie heraus, die mit großem Selbstbewusstsein auftrat, und auch die ärmeren Juden verlangten ihren Anteil.

Der kastilische König Alfons X., genannt *el Sabio*, «der Weise», (reg. 1252–1284), förderte die Juden ganz besonders. Sie gelangten in höchste Positionen in der Verwaltung und im Finanzwesen. Zahlreiche jüdische Mitarbeiter waren an seinem großen Projekt einer Enzyklopädie aller Wissenschaften in spanischer Sprache beteiligt; sie wirkten als Astronomen, Astrologen, Mathematiker und Ingenieure an seinem Hof in der Hauptstadt Toledo. Die toledanischen Juden hatten als sprachkundige Vermittler wesentlichen Anteil an der Weitergabe der Wissenschaften – unter anderem der Kenntnisse, die für die Nautik und damit für die späteren Entdeckungsreisen unentbehrlich waren – und darüber hinaus an der Entwicklung der spanischen Sprache; nicht zuletzt durch ihr Wirken als Autoren und Übersetzer wurde das Spanische, das damals in seiner ersten Jugendblüte stand, zu einer universalen Kultursprache.

Alfons der Weise war auch Initiator und Mitautor der großen Gesetzessammlung *Las siete partidas*, «die sieben Abteilungen»,

die das spanische Rechtswesen wie kein anderes Werk geprägt
hat. Darin sind auch die Rechte und Pflichten der Juden genau
festgelegt. Sie genossen volle Freiheit der Religionsausübung
und hatten ihre eigene Gerichtsbarkeit. Niemand durfte sie am
Sabbat stören; Synagogen durften gebaut werden, wenn auch in
begrenzter Zahl und Größe. Streng verboten war ihnen das
Werben für ihren Glauben; sie durften auch keine Position einnehmen, die ihnen Macht über Christen gegeben hätte. Wer
vom Judentum zum Christentum konvertierte, durfte nicht als
schlechter Christ verunglimpft werden; wer allerdings vom
Christentum zum Judentum übertrat, verfiel der Todesstrafe.

Einer der Hofdichter Alfons des Weisen war der aus einer bedeutenden Familie stammende Ṭodros Abul'afiya (1247–1298),
in dessen Versen die hebräische Dichtkunst nach arabischem
Muster noch einmal ein Feuerwerk sprachlicher und formaler
Virtuosität entfaltete. Seine oft autobiographische Dichtung eröffnet dem Leser tiefe Einblicke in die Mentalität der toledanischen Aristokratie, die in den Traditionen des andalusischen
Judentums wurzelte, sich aber auch an der Lebensweise der spanischen Granden orientierte. Ṭodros verherrlicht die von allen
Konventionen befreite Liebe, auch über die Religionsgrenzen
hinweg. Die erotische Libertinage entsprang einem religiösen
Freidenkertum, das den Rationalismus des Maimonides verin-
nerlicht und weiterentwickelt hatte und dem jedes religiöse oder
nationale Empfinden fremd war. Dabei packte den Dichter aber
immer wieder das schlechte Gewissen. Mit diesem Schwanken
zwischen weltlichem Daseinsgenuss und Rückwendung zu jüdischer Spiritualität repräsentierte Ṭodros wie kein zweiter den
Typus des «zerknirschten Dichters» (*the compunctious poet*,
nach Ross Brann).

Über alledem darf nicht vergessen werden, dass die Lage der
Juden auch im christlichen Spanien prekär war und blieb. Mit
ihrem Festhalten an einem fremden Glauben waren sie der Kirche – wie auch der islamischen *umma*, der «Gemeinschaft aller
Muslime» – stets ein Dorn im Auge; ihr bloßes Dasein stellte für
die beiden anderen Glaubensgemeinschaften eine fortwährende
Provokation dar. Im mittelalterlichen «Spanien der drei Religio-

nen» prallten die unvereinbaren Absolutheitsansprüche der abrahamischen Monotheismen direkt aufeinander. Soziale Spannungen, aber auch individuelle Gewissenskonflikte waren die unausweichliche Folge. Die Intellektuellen suchten in dieser von geistigen und geistlichen Widersprüchen geprägten Lage ihren je eigenen Weg.

Eine der Lösungen war die aristotelische Rationalität. Die griechische Philosophie, die im Islam tiefe Wurzeln geschlagen hatte und in Spanien vor allem von Ibn Rushd (Averroes, 1126–1198) adaptiert und weiterentwickelt wurde, fand im Judentum ihren bedeutendsten Anhänger in Maimonides (Moses ben Maimûn, 1135–1204). Averroes und Maimonides, diese beiden großen Denker aus Córdoba, versuchten jeder auf seine Weise, die tradierte Offenbarungsreligion mit den Ansprüchen des logisch sezierenden Verstandes in Einklang zu bringen. Maimonides verfasste seine Hauptwerke, insbesondere die «Führung der Verwirrten», auf Arabisch, der Universalsprache der Gelehrten in der spanisch-islamischen Kultur, aus der er stammte. Nur weniges, wie die «Wiederholung der Tora», ist auf Hebräisch geschrieben, einer Sprache, die Maimonides noch als unzureichend für die Formulierung philosophischer Gedankengänge ansah. Die Zukunft gehörte dann allerdings dem Hebräischen; das europäische Judentum hat die Werke des Maimonides in hebräischer Übersetzung rezipiert.

Der Grundgedanke von Maimonides lässt sich folgendermaßen knapp auf den Punkt bringen: Der Anspruch des biblischen Textes, göttliche Wahrheit zu verkünden, wird nicht in Frage gestellt; wo die Bibel der Vernunft nach dem Wortsinn widerspricht, muss eben diese Vernunft versuchen, den verborgenen Sinn zutage zu fördern; der heilige Text wird allegorisch gedeutet, wodurch seine Heiligkeit auch für die am Griechentum geschulte Vernunft gerettet wird. Des Weiteren hat Maimonides die gewaltige Masse an juristisch-theologischen Reflexionen und Festlegungen, die im postbiblischen, rabbinischen Schrifttum (Mishna, Talmud und deren Kommentare) gesammelt sind, gedanklich durchdrungen und zu klaren, rational erfassbaren Synthesen zusammengefasst.

Mit seinen Anschauungen rief Maimonides eine dauerhafte Spaltung zwischen Aufklärung und Traditionalismus hervor. Im spanischen und südfranzösischen Judentum kam es zu heftigen Auseinandersetzungen. 1233 appellierte Rabbi Salomo ben Abraham aus Montpellier sogar an die kirchlichen Autoritäten, die Bücher des Maimonides als ketzerisch zu verbrennen! Trotz solcher Anfeindungen setzte sich die rationale Systematisierung des biblisch-talmudischen Gedankenguts, wie sie Maimonides durchgeführt hatte, auf Dauer durch; in den nachfolgenden Jahrhunderten wurde er als größter Lehrer des jüdischen Volkes verehrt, seine Werke erhielten geradezu kanonischen Rang. Viele Generationen jüdischer Denker nahmen seine Ideen auf und entwickelten sie weiter. Damit steht das Judentum im Gegensatz zum Islam, wo der Ansatz zu einer rationalen Durchdringung der Offenbarungsreligion, wie sie Averroes vertreten hatte, nicht weitergeführt wurde; der Islam kehrte zu unreflektierter Schriftgläubigkeit zurück und verfiel in geistige Erstarrung.

Die Auseinandersetzung der Monotheismen auf spanischem Boden fand nicht nur auf dem Schlachtfeld statt, sondern auch im akademischen Disput. Von einem konvertierten Juden angeregt, veranstaltete der aragonesische König Jakob I. (1208–1276) eine öffentliche Disputation zwischen Christen und Juden über die Grundsätze ihres Glaubens. Dieses Streitgespräch fand in Anwesenheit des Monarchen 1263 in Barcelona statt, mit mehreren Mönchen auf christlicher und dem berühmten Rabbi Moshe ben Naḥman aus Gerona (Nahmanides, 1194–1270) auf jüdischer Seite. Der König hatte Nahmanides völlige Redefreiheit zugesichert. Nach dem üblichen Schlagabtausch über die Frage, ob Jesus der verheißene Messias sei oder nicht, kam der Rabbi aus Gerona auf den Punkt. Die Verbindung göttlicher und menschlicher Attribute in Jesus sei unlogisch und damit das wichtigste Dogma des Christentums hinfällig; dies war – und ist bis heute – das zentrale Argument nicht nur von Juden, sondern auch von Muslimen gegen das orthodoxe Christentum. Außerdem griff Nahmanides die christliche Kirche mit historischen Argumenten an: sie habe das mächtige Römische Reich von innen ausgehöhlt und zum Einsturz gebracht und trage für Gewalt, Unrecht und Blutvergießen unter den Völkern die Verantwortung. Die anwesenden Mönche nahmen solche Äußerungen nicht lange hin und erzwangen den Abbruch der Disputation. Der König jedoch kam kurz darauf persönlich in die Synagoge von Barcelona, gab Nahmanides eine weitere Gelegenheit, seine Gedanken zu entwickeln, und schenkte ihm dreihundert Golddinare. Vom Bischof wurde er sogar ermutigt, seine Gedanken in einem Buch niederzulegen. Trotz Protektion von höchster Stelle wurde Nahmanides von den an der Disputation beteiligten Dominikanern vor Gericht angeklagt. Es gelang dem König, die drohende Verurteilung so lange hinauszuschieben, bis der hochbetagte Nahmanides nach Palästina entfliehen konnte.

Die Disputation von Barcelona zeigt deutlich die Bruchlinien in der spanischen Gesellschaft auf. Der hohe Adel, die Könige und Hofleute, und auch die Spitzen des Klerus waren den Juden gewogen, förderten und beschützten sie; der niedere Klerus hingegen und die Mönchsorden, allen voran die Dominikaner, schürten den im Volk weit verbreiteten Judenhass. Auf Dauer konnte der Adel seine judenfreundliche Einstellung gegenüber dem klerikalen und populären Antijudaismus nicht durchsetzen. In der spanischen Gesellschaft kam es zu Verwerfungen; immer größere Spannungen bauten sich auf, die sich in den Pogromen von 1391 und schließlich in der Vertreibung von 1492 entluden.

Mit schneidender Schärfe legte die Disputation von Barcelona die unüberbrückbaren theologischen Gegensätze zwischen Judentum und Christentum offen. Die kirchlichen Autoritäten konnten die jüdische Präsenz auf Dauer nicht mehr ertragen. Christenfeindliche Passagen mussten aus allen Talmud-Exemplaren entfernt werden, Werke des Maimonides wurden verboten und verbrannt. Die Atmosphäre wurde insgesamt feindseliger. Aber noch konnten die Juden im christlichen Spanien in Frieden leben, während sie beispielsweise aus England vollständig ausgewiesen wurden (1290).

Ausweg Mystik? Die Kabbala

Neben dem aristotelischen Rationalismus öffnete sich in Spanien für Juden wie für Muslime noch ein anderer Ausweg aus den Brüchen und Widersprüchen der Zeit: die Mystik. Wie der Islam ist auch das Judentum zunächst einmal eine Gesetzesreligion; die Erfüllung des Menschseins liegt in der Erfüllung der göttlichen Gebote, sei es in Koran und Sunna, sei es in Tora und Talmud. Aber die Menschen wollten mehr, es verlangte sie nach gelebter Spiritualität. Im späten 12. und im 13. Jahrhundert kamen in Spanien als Reaktion auf die geistliche Krise der Zeit mystische Strömungen auf. Man kann die Entstehung solcher Bewegungen in beiden Religionen als Antwort auf die trockene Rationalität von Averroes und Maimonides verstehen. Im Islam ist hier in erster Linie Ibn al-ʿArabî aus Murcia (1165–1240) zu nennen, der bis heute als der «größte Meister» gilt und das Sufitum grundlegend prägte; wichtig war daneben auch al-Shushtarî aus Guadix bei Granada (1212–1269), dessen mystische Gedichte im andalusisch-arabischen Dialekt noch heute von marokkanischen Bruderschaften gesungen werden. Das Sufitum überwand die konfessionellen Schranken und erhob sich ins Universale. Es ermöglichte die Erfahrung einer Gottesnähe, wie sie der orthodoxe Islam nicht kannte.

Die Antwort des Judentums auf diese Fragen war die Kabbala, genauer *qabbala*, von der Wurzel *qbl*, «empfangen, tradieren», also wörtlich «Überlieferung, Weitergabe (eines geheimen Wissens)». Die Kabbala hat den Ruf, esoterisch bis abstrus zu sein, und sie ist es in gewissem Maße tatsächlich; dennoch sollte man sich an den großen argentinischen Dichter Jorge Luis Borges (1899–1986) halten, der von den kabbalistischen Buchstabenspielen einmal gesagt hat: «Es ist leicht, sich über solche Operationen lustig zu machen; ich bemühe mich lieber, sie zu verstehen.» Mit den mystischen Strömungen in anderen Religionen ist die Kabbala durchaus verwandt, sie hat aber auch einige tief im Judentum wurzelnde Besonderheiten. Insgesamt ist sie eher eine theosophische als eine im engeren Sinne mystische Bewegung.

Ihre Anfänge lagen im Südfrankreich der Katharer und Trou-
badoure. Isaak der Blinde aus Narbonne (1165–1235), der
demselben Jahrgang angehörte wie der Sufimeister Ibn al-'Arabî,
hat die Lehre von den göttlichen «Emanationen» *(sephirot)* geprägt; ihr zufolge entstand die Welt aus dem Namen Gottes,
Welt und Sprache sind gleich strukturiert. Wort und Sache sind
wesensmäßig miteinander verbunden, entsprechend dem Dop-
pelsinn des hebräischen *davar,* das sowohl «Sache» als auch
«Wort» bedeuten kann. Dementsprechend haben die zweiund-
zwanzig hebräischen Buchstaben, aus denen die Bibel besteht,
symbolische Bedeutungen. Isaak ist der Begründer der für die
Kabbala so charakteristischen Buchstabenmystik.

An der Wende zum 13. Jahrhundert verlagerte sich der
Schwerpunkt über die Pyrenäengrenze; die wesentlichen Werke
der Kabbala entstanden in Spanien. Die erste historisch greifbare Schule finden wir im katalanischen Gerona, das wie Narbonne damals zu demselben Königreich Aragón gehörte. Die Kabbalisten von Gerona waren allesamt Schüler von Isaak dem
Blinden. Eine wichtige Rolle bei der Entwicklung der Kabbala
spielte der oben schon erwähnte Nahmanides, auch wenn man
ihn nicht primär als Kabbalisten bezeichnen kann; mit seiner
Autorität als Rabbi von Gerona machte er diese Lehren gleichsam salonfähig. Bei Azriel von Gerona (1160–1238) finden wir
zum ersten Mal den später so wichtig werdenden Begriff *eyn
soph,* «kein Ende», also «das Unendliche» als Inbegriff Gottes.
Er prägte auch die Idee, dass man durch spirituelle Übung das
Gebet in eine bestimmte «Richtung» *(kawwana)* lenken und so
den Geist leiten könne. Ebenfalls aus Gerona stammte 'Ezra ben
Salomo, ein Zeitgenosse und Gefährte von Azriel, der einen
Kommentar zum Hohenlied verfasste, dem seit jeher allegorisch
interpretierten biblischen Text. Von Katalonien aus verbreitete
sich das kabbalistische Denken nach Altkastilien. Der wichtigste aller Kabbalisten, Moses ben Shem Ṭov von León (1250–
1305), lebte in Ávila und Guadalajara und starb in Arévalo;
sein Gefährte Joseph ben Abraham Chikatilla (auch fälschlich
Gikatilla geschrieben, 1248–1305) wurde in Medinaceli geboren, lebte in Segovia und starb in Peñafiel.

Moses von León ist Autor des nach der Bibel und dem Talmud einflussreichsten und meistverehrten Werkes der jüdischen
Literatur, des Buches *Zohar*, «Glanz». Das Werk selbst gibt
Rabbi Shim'on bar Yoḥai (aus Palästina, 2. Jahrhundert n. Chr.)
als Verfasser an, und bis heute hält sich hartnäckig der Glaube,
dass es ehrwürdigen Alters sei und von diesem direkten Schüler
des berühmten Rabbi 'Aqiba stamme. Der aus Berlin stammende, nach Jerusalem emigrierte Kabbala-Forscher Gershom Scholem (1897–1982) hat jedoch aufgrund zahlreicher sprachlicher,
stilistischer und historischer Indizien die Autorschaft des Moses
von León zweifelsfrei nachgewiesen. Dieser integrierte in sein um
1285 in Ávila entstandenes Werk sicher auch früheres Gedankengut, was aber nichts an seiner primären Autorschaft ändert.
Der *Zohar* hat die Form von Kommentaren zur Tora, den Kla-
geliedern, dem Hohenlied und dem Buch Ruth; er ist auf Aramäisch verfasst, nicht auf Hebräisch. Das Werk wurde 1558 im
italienischen Mantua erstmals gedruckt und hat seither eine
enorme Breitenwirkung entfaltet, besonders auch bei den aschkenasischen Chassidim. Der *Zohar* ist die Quintessenz des kabbalistischen Judentums. Von vielen fast wie eine göttliche Offenbarung verehrt («ein Buch, dessen verzehrendes Licht das
Leben des Lesers tief verändert»), wird es von anderen radikal
abgelehnt («die dunkle Seite des Judentums, haltlose Esote-
rik»).

Nach kabbalistischer Anschauung geht die Welt von Gott als
eyn soph aus, dem «Unendlichen» oder auch dem «nicht Defi-
nierbaren». Dieser unnennbare, absolut transzendente Gott
manifestiert sich in zehn *sephirot*, was meist als «Emanationen»
übersetzt wird. Abgeleitet von der Wurzel *spr*, «zählen», bedeutet *sephira* eigentlich «Zahl, Berechnung»; vielleicht spielt auch
die griechische *Sphäre* mit hinein. Es gibt zehn *sephirot*, gemäß
der Heiligkeit dieser Zahl im Judentum (man denke an die Zehn
Gebote): Krone, Weisheit, Einsicht, Gnade, Stärke, Schönheit,
Ewigkeit, Majestät, Urgrund, Königtum. Sie werden als Schleier
gesehen, die Gott verbergen und die man nacheinander enthüllt,
um zu voller Erkenntnis zu gelangen. Im 20. Jahrhundert hat
man sie mit den Archetypen von C. G. Jung in Verbindung ge-

bracht. Eine besondere Rolle spielt die als weiblich gesehene *shekhina*, wörtlich die «Bewohnung», das heißt die göttliche Präsenz in der Welt. Die Schöpfung vollendet sich im Einswerden des männlichen Prinzips, der Unendlichkeit Gottes, mit dem weiblichen Prinzip der *shekhina*. Diese «theo-erotische» Seite des *Zohar* hat in jüngster Zeit große Beachtung gefunden.

Die Lehre vom Unendlichen und seinen Emanationen weist universale Züge auf. Spezifisch jüdisch ist hingegen ein anderer Aspekt der Kabbala, der etwas mit dem Verhältnis des auserwählten Volkes zu seiner heiligen Schrift zu tun hat. Die Göttlichkeit der Bibel manifestiert sich nach dieser Auffassung in jedem einzelnen Buchstaben. Von dem ekstatisch-messianischen Mystiker Abraham Abulʿafiya aus Zaragoza (1240–1290) gibt es ein Werk mit dem Titel «Das Buch der Buchstaben». Besonders gepflegt wurde diese Richtung auch von Joseph Chikatilla, dem oben erwähnten Gefährten des Moses von León. Demnach wird in die Buchstaben der Bibel und ihre Anordnung eine tiefere, unter der Oberfläche des Wortsinnes verborgene Deutungsschicht hineingelesen, die zu unbegrenzten Spekulationen führt. Zentral ist dabei eine Methode, die *gematria* genannt wird (vom griechischen *geometria*): Da jedem Buchstaben des hebräischen Alphabets ein Zahlenwert zugeordnet ist, kann man jedes beliebige hebräische Wort auch als Zahl, nämlich als die Summierung der Zahlenwerte der einzelnen Buchstaben interpretieren. So haben beispielsweise nach der Berechnung von Abraham Abulʿafiya die Wörter *tseruph*, «Kombination», und *lashon*, «Sprache», beide denselben Zahlenwert 386, woraus man schließen kann, dass Kombination das Wesen der Sprache ausmacht – eine korrekte Idee, zu der man aber natürlich auch ohne solche Zahlenspiele gelangen kann! Dies ist ein Bereich, wo die Grenze zwischen Tiefsinn und Abstrusität fließend ist.

Man versteht die eigentliche historische Bedeutung solcher Spekulationen aber nicht wirklich, wenn man nicht die Bedingungen berücksichtigt, unter denen die Juden im Exil lebten. Nach der Zerstörung des Tempels von Jerusalem waren sie heimat- und machtlos, extraterritorial jeder Willkür ausgesetzt; die heilige Schrift wurde für sie zur immateriellen Heimat und ersetzte das verlorene Territorium. In dieses Buch haben sie sich vergraben mit allen Fasern ihres Wesens und sich von ihm durchdringen lassen wie kein anderes Volk. So wurden denn auch die kleinsten seiner Bestandteile, die Buchstaben, mit Bedeutung aufgeladen. Die Welt wurde nur noch durch die Brille der Bibel gesehen. Mystische Gottsuche, die aus allen Religionen und Kulturen bekannt ist, nahm bei den Juden fast notwendigerweise die Form von Schriftauslegung an. Nur durch ein immer tieferes Eindringen in die heilige Schrift konnte man sich der Erkenntnis Gottes nähern. Dies ist der Wesenskern der Kabbala, wie sie im 13. Jahrhundert in Katalonien und Kastilien Gestalt annahm.

Sie war zunächst auf Spanien beschränkt und auch dort nur in mystischen Kreisen bekannt. Erst nach der Vertreibung von 1492 breitete sie sich in der jüdischen Welt weiter aus. Das wichtigste Zentrum wurde Safed, eine kleine Stadt im nördlichen Galiläa, wo sich Sepharden schon im Verlauf des 15. Jahrhunderts angesiedelt hatten und wo nach 1492 viele Vertriebene Zuflucht fanden. In Safed ging 1563 die erste Druckerpresse des Orients in Betrieb. Der Ort war die Wirkungsstätte der beiden einflussreichsten Kabbalisten der Neuzeit: Moses ben Jakob Cordovero (1522–1570) und Isaak Luria (1534–1572), beide aus sephardischen Familien. Die kabbalistischen Lehren fanden auch im aschkenasischen Judentum große Resonanz, so bei dem berühmten Rabbi Judah Löw aus Prag (1525–1609), dem Erschaffer des Golem. Das von Rabbi Israel ben Eliezer (genannt *Ba'al Shem Ṭov*, «Herr des guten Namens», 1698–1760) in der Ukraine begründete chassidische Judentum basiert wesentlich auf den Lehren des Isaak Luria. Für die großen Chassidim, wie Moshe Ḥayyim Luzzatto (1707–1746) aus Italien oder Naḥman von Breslau (1772–1810), war der *Zohar* ein Grundbuch wie Bibel und Talmud. Die aschkenasische Aufklärung des 19. Jahrhunderts, die Haskala und die in Deutschland entwickelte «Wissenschaft vom Judentum», lehnte die Mystik und den *Zohar* scharf ab. In seiner großen «Geschichte der Juden» wertete Heinrich Graetz (1817–1891) die Kabbala als «fieberhitzige Phantasterei» und «unheimlichen Aberglauben», den *Zohar* als «formlosen Wirrwarr»; Lichtgestalt des Judentums war für ihn allein der Rationalist Maimonides. Erst im 20. Jahrhundert gelangte man durch die bahnbrechenden Studien von Gershom Scholem zu einem tieferen Verständnis, das auch einigen befremdlichen Aspekten der Kabbala gerecht wird.

Kehren wir zur Lage der Juden im Spanien des 13. Jahrhunderts zurück. Das Aufkommen der Kabbala hatte auch soziale Ursachen. Die an Aristoteles geschulte, an Averroes und Maimonides orientierte Aufklärung hatte zu einer tiefen Spaltung des Judentums geführt: Auf der einen Seite standen die Freidenker, welche die Bibel je nach Bedarf allegorisch deuteten, auf der anderen Seite die einfachen Gläubigen, welche die Schrift naiv wörtlich nahmen. Zwischen diesen Extremen suchte die Kabbala einen Mittelweg. Sie war aber auch eine Bewegung gegen die «averroistische Aristokratie», gegen die Hofjuden mit ihren freizügigen Ansichten bezüglich Religion und Moral und ihrem aufwändigen, den Reichtum stolz zur Schau stellenden Lebenswandel. Im *Zohar* wurden die Sünden der reichen Juden mit harschen Worten gegeißelt, Liebesbeziehungen mit Christinnen oder Musliminnen als Gräuel angeprangert. Die Kabbalisten predigten Armut, ganz ähnlich wie die Sufis (das Wort ist von *ṣauf*, «Wolle», abgeleitet, weil die Sufis häräne Gewänder trugen) auf muslimischer Seite und wie die Bettlerorden (Mendicanten) und die Franziskaner auf christlicher Seite, die in derselben Epoche den Prunk der Kirche angriffen und zu einem einfachen Leben aufriefen. Die Kabbalisten standen auf seiten des Volkes, das die Subtilitäten der aristotelisch-maimonidischen Logik und den Libertinismus der herrschenden Klasse zutiefst verabscheute und bedingungslos an seinem einfachen Glauben festhielt. Eine Relativierung der traditionellen Religion erschien vielen Juden deshalb besonders verwerflich, weil ihre Vorväter für ihren Glauben Erniedrigung und Verfolgung ertragen und oft sogar den Märtyrertod erlitten hatten. Die geistige Spaltung des Judentums verlief an denselben Bruchstellen wie die soziale.

Im Streit zwischen den Anhängern des Maimonides und den Traditionalisten kam es zu einer Wende, als Asher ben Yeḥiel

(1250–1327), ein grundgelehrter Talmudist aus Deutschland, im Jahr 1304 vor den Judenverfolgungen unter Kaiser Rudolf I. von Worms nach Barcelona floh und dort in allen Ehren aufgenommen wurde. Schon 1305 vertraute man ihm das Rabbinat von Toledo an, er wurde dadurch zur obersten geistlichen Autorität in Spanien. Er lebte bescheiden und starb arm. Bis dahin hatte es zwischen Sepharad und Aschkenas nicht viele Beziehungen gegeben, aber nun drang aschkenasischer Einfluss mit Macht in Spanien ein. Rabbi Asher wandte sich entschieden gegen die griechischen Philosophen; kein junger Mann durfte ihre Werke vor Erreichen des 25. Lebensjahres lesen, «weder im Original noch in irgendeiner Übersetzung». Statt Aristoteles wurde der Talmud studiert. Asher ben Yeḥiel verpflanzte die geistige Enge des deutschen Judentums nach Spanien und prägte damit die geistige Atmosphäre der folgenden Generationen. Sein Sohn Jakob ben Asher (1270–1340) führte sein Werk fort; auch er gab mit untadeligem, allem Prunk abholden Lebenswandel seinen Religionsgenossen ein Beispiel. In seinem Werk *Arba'a ṭurim*, «Die vier Reihen», das für lange Zeit eine wichtige Grundlage des jüdischen Lebens wurde, systematisierte er die talmudischen Lehren.

Zwischen Konversion und Repression

In jener Zeit konvertierten viele Juden zum Christentum, durchaus auch aus ehrlicher Überzeugung. Markant ist der Fall des Abner von Burgos (1270–1347), der sich nach seiner Taufe Alfons von Valladolid nannte. Er hatte 1295 als junger Mann erlebt, wie sich die Juden von Ávila in Endzeiterwartung versammelt hatten, um das Kommen des Messias zu begrüßen, und – wie schon so oft – enttäuscht wieder auseinandergehen mussten. Dabei sollen Kreuze vom Himmel auf die Erde gefallen sein. Als Arzt behandelte er die traumatischen Folgen dieser Erlebnisse. Jahre später hatte er selbst einen Traum, in dem ihm die Wahrheit des christlichen Glaubens offenbart wurde. Wie Hiob haderte er mit Gott: «Warum lässt Du zu, dass Dein Volk so gedemütigt wird? Warum können die Ungläubigen lästern ‹Wo ist euer Gott?› Wo ist die Wahrheit? Hilf mir in meiner Not!» Darauf sei ihm ein großer Mann erschienen, der ihm sagte: «Wach auf! Du und dein Volk seid im Schlaf der Unwissenheit befangen. Die Wahrheit ist längst offenbart.» Er ließ sich taufen und wurde Sakristan in der Kathedrale von Valladolid. Als Konvertit verfasste Abner-Alfonso die umfassendste, theologisch-philosophisch fundierteste Kritik am Judentum im ganzen Mittelalter, eine Widerlegung des jüdischen Glaubens, geschrieben in hebräischer Sprache und in voller Kenntnis der talmudischen und arabischen Quellen. Dieses Werk ist in spanischer Übersetzung mit dem Titel *El mostrador de justicia*, «Zeiger der Gerechtigkeit», erhalten; der hebräische Originaltitel *More ha-tsaddiq*, «Lehrer des Gerechten», knüpfte unmittelbar an den *More ha-nevukhim*, «Lehrer der Verwirrten», von Maimonides an. Alfonso versuchte, in gut maimonidischer Manier, die christliche Offenbarung mit der allgemein menschlichen Vernunft in Einklang zu bringen. Wörtlich schrieb er: «Es scheint mir, dass zwei Dinge, nämlich Trinität und Inkarnation im Neuen Gesetz [= Christentum] nicht nur durch Tradition (*rescebimiento*, «Empfang», nach dem hebräischen *qabbala*) zur Kenntnis gebracht worden sind, sondern auch nach Art der Beweisschlüsse und Verstandesargumente *(silogismos e razones de entendimiento).*» Das klingt ganz nach averroistischer Aufklärung, die nun aber von diesem philosophisch gebildeten Sepharden in den Dienst des Christentums gestellt wird.

Ein Zeitgenosse von Abner-Alfonso war der Dichter Shem Ṭov ibn Arduṭiel (auch Santob de Carrión, 1290–1369). Schrieb Abner auf Hebräisch gegen das Judentum, so dichtete Shem Ṭov auf Spanisch dafür – und zwar Spanisch in hebräischen Buchstaben! Seine «Moralischen Sprichwörter» sind dem biblischen Buch der Sprüche Salomos nachgebildet. Oberflächlich sehen sie einfach wie eine Sammlung von Aphorismen zur Lebensweisheit aus, doch enthält das Werk mit einem komplexen Spiel von Metaphern und verdeckten Bibelzitaten eine subtile Verteidigung des Judentums. Auf Hebräisch verfasste er ein rätselhaftes «Streitgespräch zwischen Schreibfeder und Schere», das noch der genaueren Deutung harrt. Santobs Werke zeigen, wie sehr sich spanische und hebräische Sprachkultur wechselseitig durchdrangen.

Haupteinnahmequelle der führenden Klasse war der Geldverleih; da den Christen das Zinsennehmen verboten war, wurde dieses «schmutzige Geschäft» den Juden überlassen. Wer unter der Zinslast erdrückt wurde, schob dies nicht auf das System, sondern auf seine Repräsentanten, also die Juden. Dies war ein wesentlicher Grund für die wachsende Judenfeindlichkeit, nicht nur in Spanien, sondern überall in Europa. Die Kirche wetterte gegen den Wucher. In dieser Lage erließ 1348 König Alfons XI. von Kastilien in Alcalá eine Bestimmung, wonach es den Juden untersagt wurde, Geld gegen Zinsen zu verleihen. Als Ausgleich für diesen Verlust ihrer wichtigsten Einnahmequelle sollte ihnen gestattet werden, Ländereien zur Bewirtschaftung aus dem königlichen Besitz zu erwerben, und zwar bis zu einer Obergrenze von 20 000 Maravedís im Norden, hingegen 30 000 Maravedís im andalusischen Süden mit seinem Großgrundbesitz. Dieses Edikt, das unrealistisch war und nie in die Praxis umgesetzt wurde, zeigt klar, dass die spanischen Könige zwar einerseits auf die antijüdische Stimmung in Kirche und Volk Rücksicht nehmen mussten, andererseits aber den Juden durchaus wohlgesinnt waren und Schaden von ihnen abwenden wollten.

In demselben Jahr 1348 wütete die Pest in Europa. Überall gab man den Juden die Schuld, nicht aber in Spanien, wo es nur ganz vereinzelt zu Ausschreitungen kam. Die Könige schützten und förderten «ihre» Juden nach Kräften. Aber in den darauffolgenden Jahrzehnten gärte im Volk, angeheizt von kirchlichen Hetzreden, der Judenhass. Ferrando Martínez, Erzbischof von Sevilla, geißelte 1391 in seinen Kanzelreden die Juden und forderte die Zerstörung der immerhin dreiundzwanzig sevillanischen Synagogen. Am 4. Juni schlugen die aufgehetzten Volksmengen zu. Das Judenviertel brannte, seine Bewohner wurden getötet oder in die Sklaverei verkauft. Von Sevilla aus breitete sich die Lust am Pogrom wie ein Lauffeuer aus, zunächst in Andalusien, dann auch im übrigen Kastilien sowie im benachbarten Königreich Aragón. Am 9. Juli ging die Gemeinde von Valencia mit mehr als zweihundertfünfzig Toten unter, einen Tag später wurden in Palma de Mallorca dreihundert Juden ermordet. Barcelona folgte am 5. August, Gerona und Lérida wenige Tage später. Der König zog es vor, vom sicheren Zaragoza aus den Gang der Ereignisse abzuwarten und einstweilen nur Dekrete zur Eindämmung der Unruhen und zum Schutz der Juden zu verschicken. Überall in Spanien brannten die Synagogen. Bauern und Handwerker drangen in die Judenviertel ein mit dem Schlachtruf: «Tod oder Taufe!» Denn trotz aller sozialen Spannungen war es im Wesentlichen ein Ausbruch von religiösem Fanatismus, der sich da entlud. Sehr viele Juden zogen es vor, sich taufen zu lassen, statt den Märtyrertod zu erleiden. Damit waren die christlichen Volksmassen zufrieden; sie plünderten, was übrig war, und zogen ab. Dass damit acht Jahrhunderte nach den westgotischen Zwangstaufen das Problem der falschen Conversos in Spanien erneut virulent wurde, kümmerte sie nicht. Es war jedoch genau dieses Problem, welches das immer noch herrschende Einvernehmen zwischen der christlichen und der jüdischen Oberschicht zerstören und die Atmosphäre unrettbar vergiften sollte. Auf eine kurze Formel gebracht: Mit echten Juden konnte man sich arrangieren, mit falschen Christen aber nicht.

Dies war das erste und einzige wirkliche Pogrom auf spanischem Boden. Die jüdischen Gemeinden wurden 1391 ins Mark getroffen, wenn auch nicht zerstört. Der große Rabbi Ḥasdai Crescas von Zaragoza (1340–1410), der seinen einzigen Sohn im Massaker von Barcelona verloren hatte, stand seinen Glaubensgenossen geistlich und praktisch bei; mit Hilfe der Könige von Aragón und Kastilien baute er die Gemeinden so gut es ging wieder auf. Immer noch stand der Hochadel auf der Seite der Juden, aber das Klima war religiös aufgeheizt. Viele Menschen waren verwirrt, die Spaltung ging mitten durch die Familien. Die Dokumente berichten beispielsweise von einem Mann, der zum Christentum übertrat, während seine Frau standhaft im jüdischen Glauben verharrte; er konnte sie nicht dazu bewegen, mit ihm zu konvertieren. Beide einigten sich gütlich auf eine Scheidung, der Frau passierte nichts, und sie forderte von ihm noch ihre Mitgift zurück. Es kam auch umgekehrt vor, dass die

Frau konvertierte, während ihr Mann beim Judentum verblieb. Offenbar wurden solche Fälle durchweg friedlich geregelt.

Aber es blieb das zentrale Problem, das die Menschen umtrieb: Wo ist die Wahrheit? Welche Religion ist die richtige? Viele rangen ehrlich mit dieser Frage, anderen ging es nur um ihren Vorteil. Wie auch immer, die spanische Gesellschaft war im Innersten gespalten. Oft wurden Konvertiten zu glühenden Judenhassern; die Religion ihrer Väter, der sie abgeschworen hatten, wurde ihnen zum Gegenstand der Verachtung. Prominent war der Fall des Talmudgelehrten Salomo ha-Lewi (1350–1435), der im Pogromjahr 1391 konvertierte. Er ließ sich auf den allerchristlichsten Namen Pablo de Santa María taufen, studierte christliche Theologie in Paris und wurde Priester. Bald stieg er zum Bischof von Burgos auf, der Stadt, wo er zuvor als Rabbiner gewirkt hatte. Zu seinen Werken gehören historische Gedichte in spanischer Sprache sowie ein fiktiver lateinischer Dialog zwischen dem Juden Saulus und dem Christen Paulus. Sein Beispiel erregte in jüdischen Kreisen höchstes Aufsehen und machte viele an ihrem Glauben irre.

Der Arzt Josua Lorki aus Lorca bei Murcia (gest. 1419) hatte bei ihm den Talmud studiert und stellte ihm in einem offenen Brief auf Hebräisch eine Reihe kritischer Fragen zum Christentum. Die Antworten von Pablo de Santa María konnten ihn zunächst nicht überzeugen. Erst die Predigten des berühmten Dominikaners Vinzenz Ferrer (1357–1419) brachten Lorki 1412 dazu, dem Judentum abzuschwören und den höchst christlichen Namen Gerónimo de Santa Fé anzunehmen. Im folgenden verfasste er eine Widerlegung des Judentums auf Latein (und daneben noch einen medizinisch-pharmakologischen Traktat auf Arabisch). Papst Benedikt XIII. berief ihn als Leibarzt, war doch die Heilkunde immer noch ein Monopol der Juden, auch wenn sie zum Christentum konvertiert waren. Papst Benedikt, Vinzenz Ferrer und Lorki-Gerónimo fassten gemeinsam den Plan zu einer Disputation über die Wahrheit der Religionen. Dieses Streitgespräch wurde 1413 nach Tortosa einberufen und entwickelte sich zur größten und erbittertsten Auseinandersetzung zwischen Judentum und Christentum im gesamten Mittelalter;

insgesamt dauerte es zwanzig Monate, in neunundsechzig Sitzungen. Im Unterschied zu der Disputation von Barcelona einhundertfünfzig Jahre zuvor (s. o. S. 37 f.) war es in Tortosa von vornherein das erklärte Ziel, die Juden in die Enge zu treiben und dem Christentum zum Triumph zu verhelfen. Die jüdischen Teilnehmer wurden engeschüchtert. Gerónimo verlas Talmud-Passagen, die das Christentum herabsetzten und zu denen die jüdische Seite nichts sagen konnte oder wollte. Der Papst, der zeitweise persönlich anwesend war, erließ danach eine Bulle, wonach die christenfeindlichen Passagen aus dem Talmud zu entfernen waren. Der schwache Auftritt der Verteidiger des Judentums und die flammenden Reden von Gerónimo zeigten Wirkung; es kam zu einer weiteren Welle von Konversionen.

Im Verlauf des 15. Jahrhunderts wurde aber auch immer deutlicher, dass mit der Taufe die Probleme eigentlich erst anfingen, denn viele Bekehrte waren Scheinchristen. Die Conversos gerieten unter Generalverdacht. Allmählich wurde so aus der Religions- eine Rassenfrage, die Spaltung des Volkes in «alte» und «neue» Christen bildete sich heraus. Nur wer altchristliches Blut in den Adern hatte, konnte ein guter Christ sein. Antijudaimus wandelte sich in Antisemitismus. 1449 wurden in Toledo und Ciudad Real Statuten erlassen, wonach Neuchristen keine öffentlichen Ämter bekleiden und keine Zeugenaussagen vor Gericht abgeben durften; dies waren die ersten offen rassistischen Maßnahmen gegen die Juden. König und Papst protestierten gegen die Bestimmungen, aber sie entsprachen dem Volksempfinden. Diesen ersten «Statuten der Blutreinheit» sollten noch viele weitere folgen, mit unabsehbaren Konsequenzen für die spanische Gesellschaft.

Die Situation in Córdoba war typisch für die explosive Atmosphäre jener Zeit. Während der Bischof gegen die Conversos wetterte, stand der Bürgermeister auf ihrer Seite und gab ihnen ein Kontingent von dreihundert Soldaten zur Verteidigung. Die Altchristen beklagten, dass die Conversos sich schamlos bereicherten und in aller Offenheit ihre jüdischen Riten pflegten. 1473 kam es zu einem Zwischenfall. Als gerade die Prozession einer altchristlichen Bruderschaft vorbeikam, goss ein Converso-Mädchen – aus Versehen oder absichtlich – Wasser vom Balkon. «Sie hat Urin verschüttet!», rief die aufgebrachte Menge und versuchte, das Haus zu stürmen. Die Conversos verbarrikadierten sich und riefen ihre Soldaten zu Hilfe. Als diese den Anführer der Prozession verletzten, kam es zu bürgerkriegsähnlichen Tumulten, die mehr als zwei Wochen anhielten und bei denen es auch die Conversos nicht an Angriffslust fehlen ließen. Am Ende jedoch wurden sie besiegt und mussten aus der Stadt fliehen. Sie durften in Córdoba hinfort keinerlei Ämter mehr bekleiden.

1469 heirateten die Thronfolger Isabel von Kastilien und Ferdinand von Aragón, mit finanzieller und politischer Unterstützung des jüdischen Magnaten Abraham Senior. Ab 1476 regierten sie miteinander als die «Katholischen Könige», und 1479 wurden die Kronen von Kastilien und Aragón erstmals zum Königreich Spanien vereint. Das Converso-Problem drängte. Die Katholischen Könige selbst waren von jüdischen Ratgebern und Financiers umgeben und waren nicht gewillt, auf sie zu verzichten. Bei ihrem Antrittsbesuch in Sevilla 1477 schilderte ihnen der Dominikaner Alonso de Hojeda das Judenproblem in düstersten Farben; nur eine Institution zur Gewissenserforschung könne helfen. Das Königspaar ließ sich überzeugen und ersuchte beim Papst um Erlaubnis zur Errichtung einer eigenständigen spanischen Inquisition, die Ende 1478 erteilt wurde. Rasch entstanden überall im Land Inquisitionstribunale. Ihre Aufgabe war die Bekämpfung jeder Art von Häresie, doch lag der Schwerpunkt von Anfang an auf der Ausrottung des Kryptojudentums. Dieses Ziel wurde mit aller Härte verfolgt; gleich in den ersten Jahren wurden siebenhundert Conversos verbrannt. 1483 erfolgte die Ausweisung aller Juden aus Andalusien; man dachte nämlich, das heimliche Judaisieren sei unausrottbar, solange noch offen praktizierende Juden im Volk lebten. Im selben Jahr wurde Tomás de Torquemada (1420–1498), Isabels Beichtvater, zum Großinquisitor ernannt. Dieser hatte selbst jüdisches Blut in den Adern, seine Großmutter war eine konvertierte Jüdin. Bis 1490 wurden 13 000 Conversos wegen Judaisierens verurteilt, viele davon endeten auf dem Scheiterhaufen.

Zwei Ereignisse beschleunigten den Entschluss der Katholischen Könige zur Ausweisung der Juden. 1485 wurde der neu ernannte Großinquisitor von Aragón, Pedro de Arbués, beim Gebet vor dem Hauptaltar der Kathedrale von Zaragoza von acht Converso-Verschwörern erdolcht; für dieses Martyrium wurde er 1867 von Papst Pius IX. heiliggesprochen, eine bis heute umstrittene Kanonisierung. Dieser Mord bestärkte die Inquisition in ihrem Bestreben, alle nichtkatholischen Elemente in Spanien auszurotten. Kurz darauf erregte das angebliche Martyrium des «Heiligen Kindes von La Guardia» die Gemüter, eine der zahlreichen Ritualmord-Legenden, die in ganz Europa in Umlauf waren. Man kann die realen Fakten dank der erhaltenen Dokumente recht genau rekonstruieren. 1490 wurde der wandernde Wollkämmer Benito García, ein Converso aus La Guardia bei Ocaña (Provinz Toledo), wegen Judaisierens verhaftet; er war geständig und denunzierte zwei Glaubensgenossen, den Converso Juan de Ocaña und den Juden Yuçef Franco, einen Schuster aus einem Nachbardorf. Angeblich gestand dieser Franco einem sich als Converso ausgebenden christlichen Arzt auf Hebräisch die Tötung eines Knaben. Unter der Folter machten auch die beiden anderen entsprechende Geständnisse und zogen noch weitere angebliche Mittäter in die Sache hinein. Die Angeklagten sollen einen Verschwörungszauber mit einer gestohlenen Hostie und dem Herz eines christlichen Knaben geplant haben. Sie hätten einen Knaben aus La Guardia entführt und rituell nach dem Muster der Kreuzigung Jesu ermordet. Am Ende kam es zur Verurteilung von zwei Juden und sechs Conversos, die am 16. November 1491 in Ávila verbrannt wurden. Mit ihren eingezogenen Gütern wurde der Bau des Klosters finanziert, in dem sich Torquemada später beerdigen ließ. Der vorgeblich ermordete Knabe wurde heiliggesprochen, er wird bis heute vom Volk geliebt und verehrt; der Dramatiker Lope de Vega verfasste ein publikumswirksames Stück über ihn. Eine Leiche wurde nie gefunden, es wurde auch kein Kind vermisst. Aber diese Geschichte brachte den in Volk und Kirche schwelenden Antisemitismus voll zum Ausbruch. Die Katholischen Könige mussten reagieren. Auf Drängen von Torquemada erließen sie nur wenige Monate später das Edikt zur Ausweisung aller Juden aus Spanien (31. März 1492).

Die Vertreibung von 1492 und ihre Folgen

Die Vertreibung von 1492 war die große existentielle Katastrophe des sephardischen Judentums, der entscheidende Wendepunkt in seiner Geschichte. Es war wie ein zweites Exil, nach dem ersten Exil infolge der Zerstörung des Tempels von Jerusalem durch die Römer (70 n. Chr.). In keinem Land hatten sich die Juden so verwurzelt, nirgends hatten sie so sehr eine wirkliche Heimat gefunden wie in Spanien. Nun wurden sie gerade aus diesem Land mit beispielloser Gründlichkeit verjagt. Die mittelalterlichen Vertreibungen, etwa aus dem Deutschen Reich, waren eher lokale Ereignisse, die nie zur vollständigen Auslöschung des Judentums führten. Eine Ausnahme stellte England dar, wo die jüdische Präsenz 1290 tatsächlich völlig beendet wurde; aber diese Ausweisung lässt sich weder quantitativ noch qualitativ mit derjenigen aus Spanien vergleichen. Durch die Vertreibung von 1492 wurde eine große, wirtschaftlich, sozial und politisch bedeutende Volksgruppe mit einem Schlag vollständig aus der Nation eliminiert; eine solche «ethnische Säuberung» war bis dahin beispiellos. Ähnlich gravierend war dann ein Jahrhundert später die Ausweisung der Moriscos.

Die Vertreibung hatte nicht nur für die Juden, sondern auch für Spanien selbst tiefgreifende Konsequenzen. Plötzlich fehlte die für das Finanzwesen kompetente Elite, der Staat hatte Mühe, seine Steuern einzutreiben, und es fehlte das Kapital für große Unternehmungen. Weitblickende, diplomatisch versierte und sprachkundige Berater waren kaum mehr zu finden. In den Städten mangelte es an Handwerkern. Die negativen Folgen wurden dadurch überdeckt, dass sich in Amerika neue Horizonte auftaten und Gold in ungeahnten Mengen ins Land strömte. Auf Dauer aber fügte die Vertreibung der Juden dem spanischen Staatswesen enormen Schaden zu. Vor allem jedoch führte das Problem der Conversos für Jahrhunderte zu einem tiefen Riss im sozialen Gefüge.

Betrachten wir zunächst das Edikt selbst, die Umstände seiner Entstehung und die im Text erkennbaren Intentionen seiner Autoren. Das Dokument wurde in der Alhambra von Granada redigiert und unterzeichnet, die die Katholischen Könige am 1. Januar 1492 nach zehnjährigem Krieg siegreich eingenommen hatten. Der lange, kräftezehrende und teure Feldzug gegen das letzte noch auf der Iberischen Halbinsel verbliebene muslimische Königreich war bis zum letzten Augenblick von Juden finanziert worden, insbesondere von Abraham Senior (1412–1493) und Isaak Abravanel (1437–1508), die mit der Krone engstens verbunden und für die Monarchie unentbehrlich waren. Königin Isabel drängte die beiden Magnaten, sich taufen zu lassen und so der Vertreibung zu entgehen. Abraham Senior gab nach und konvertierte, während Isaak Abravanel standhaft blieb und nach Italien ausreiste – mit Sonderkonditionen: Im Unterschied zum gemeinen Volk durfte er Bargeld und Schmuck mitnehmen, als Dank für die geleisteten Dienste. Er verfasste dann später in Korfu, Apulien und Venedig eine Serie bedeutender Bibelkommentare.

Die Begründung für die Ausweisung lohnt einen genaueren Blick. Auffällig ist, dass die beiden Versionen für Kastilien und Aragón sich unterscheiden. Gehen wir zunächst auf die für Kastilien bestimmte Version ein. Dort wird ausschließlich religiös argumentiert. Die Juden stellten eine Gefahr für die christliche Religion dar und fügten ihr Schaden zu. Die in ihrem Glauben verbliebenen Juden versuchten nämlich, die Conversos auf ihre Seite zu ziehen und zur Apostasie zu verleiten. Wörtlich heißt es gleich zu Beginn: «Es ist wohlbekannt, dass es in unserem Herrschaftsbereich einige schlechte Christen gibt, die judaisiert haben und vom heiligen katholischen Glauben abtrünnig geworden sind; der Grund dafür sind hauptsächlich die Beziehungen zwischen Juden und Christen.» Deshalb habe man zunächst den Juden separate Wohnviertel zugewiesen, dann die Inquisition eingerichtet und schließlich die Juden aus Andalusien verbannt; aber alles habe nichts genutzt, so dass man sich nun nach intensiven Beratungen und langem Überlegen zu dem letzten Schritt, nämlich der endgültigen Vertreibung aus ganz Spanien, habe entschließen müssen. Die Formulierungen des Edikts lassen erahnen, dass der Entschluss zur Ausweisung den Katholischen Königen schwergefallen war.

Die religiöse Begündung ist aufschlussreich. Es geht nicht um Dogmen, wie noch bei den mittelalterlichen Disputationen, sondern um Riten und Gebräuche, wie etwa Beschneidung und Pesaḥ-Feier. Die Juden seien für die Christen eine «ständige diabolische Versuchung», behaupteten sie doch, es gebe «kein Gesetz und keine Wahrheit außer den Gesetzen des Moses». In solchen Formulierungen wird das Aufeinanderprallen der sich wechselseitig ausschließenden Absolutheitsansprüche von Judentum und Christentum deutlich. Die Kirche, verkörpert im Großinquisitor Torquemada, war die treibende Kraft beim Erlass des Edikts. Die Katholischen Könige sahen aber natürlich auch die staatspolitische Dimension ihres Vorgehens: Nach der Beseitigung der letzten muslimischen Herrschaft auf spanischem Boden sollte nun auch das Judentum eliminiert und das Reich in einem Glauben vereinigt werden. Damit sollte auch die Gefahr gebannt werden, dass sich die Juden jemals wieder – wie bei der islamischen Eroberung der Halbinsel im Jahre 711 – mit dem äußeren Feind zusammentun konnten.

Die für Aragón bestimmte Version ist ausführlicher als die kastilische. Sie enthält auch nichtreligiöse Argumente. Da heißt es etwa, dass die Juden «die christlichen Güter mit schweren und unerträglichen Wucherzinsen auffressen und verschlingen» und ungerecht und mitleidlos «wucherische Verworfenheit» *(pravidat usuaria)* gegen die Christen ausüben. Sie werden als «ansteckende Lepra» bezeichnet, die nur durch Vertreibung vollständig ausgerottet werden könne. Damit steht diese Version des Edikts ganz in der Tradition des mittelalterlichen Antijudaismus. Warum die beiden Versionen so unterschiedlich argumentieren, ist nicht geklärt.

In einem kürzlich entdeckten handschriftlichen Notizblatt, das unmittelbar nach der Vertreibung geschrieben worden sein muss, finden wir noch einen weiteren Aspekt, der das Gewissen der Menschen beunruhigte. Wörtlich liest man dort: «Es war eine ganz besondere, ganz neue Sache, alle Juden aus all ihren

Ländereien hinauszuwerfen, 300 000 Menschen in nur drei Monaten, nachdem sie mehr als 2100 Jahre in Spanien gelebt und den Königen viele gute Dienste erwiesen haben.» Man fühlte also auch unter Christen, dass die Juden nach ihrer langen Präsenz auf der Iberischen Halbinsel ein natürliches Bleiberecht hatten und die Vertreibung eine große Ungerechtigkeit darstellte. An dieser Stelle sei darauf verwiesen, dass die spanischen Juden mit Blick auf ihre lange Anwesenheit im Lande die Verantwortung für den Tod Jesu ablehnten. Dem im christlichen Mittelalter überall erhobenen Vorwurf des Gottesmordes setzten sie entgegen, dass sie zur Zeit der Kreuzigung schon in Spanien gelebt hätten. Dementsprechend findet sich dieser im übrigen Europa so häufige antijüdische Topos auf der Iberischen Halbinsel nur selten.

In dem Dokument heißt es auch, die Vertreibung sei ausschließlich «auf Rat und Anzeige eines Dominikaners, Beichtvater der Königin» erfolgt, was eindeutig auf Torquemada verweist. Dieser wird gekennzeichnet als «ein Mann mehr von energischer Entschlusskraft als von Bildung» *(más hombre de ímpetus que de letras)*. So sah es ein Zeitgenosse mit kritisch-distanziertem Blick, und dem ist aus heutiger Sicht nichts hinzuzufügen.

Das Edikt wurde erst einen Monat nach seiner Unterzeichnung, Anfang Mai 1492, in den Städten und Gemeinden des Reiches publik gemacht. Vermutlich gab es im April noch Verhandlungen mit führenden Vertretern der Judenschaft. Es gibt einen Bericht, wonach Isaak Abravanel dem König 30 000 Golddukaten für die Rücknahme des Edikts anbot. Torquemada lauschte der Unterredung aus dem Nebenraum. Nachdem Isaak gegangen war, trat er beim König ein, legte ein Kruzifix auf den Tisch und sagte: «Judas verriet den Herrn für 30 Silberlinge, willst Du ihn jetzt für 30 000 Golddukaten verraten?» Danach ging er wortlos davon. Dies stimmte den König um; er ließ das Edikt in Kraft treten. Die Geschichte ist vielleicht halb legendär, sie beleuchtet aber die realen Kräfteverhältnisse in der Staatsführung.

Die Juden hatten genau drei Monate Zeit, um ihre Habe zu versilbern und sich auf den Weg zu machen; wer nach dem

1. August noch in Spanien angetroffen wurde, ohne getauft zu sein, wurde sofort hingerichtet. Das plötzliche Überangebot und die Not der Verkäufer führte dazu, dass Häuser, Grundbesitz und bewegliche Habe weit unter Wert den Besitzer wechselten: «ein Haus für einen Esel, ein Weinberg für ein Stück Tuch», wie ein zeitgenössischer Chronist schrieb. Auch die Schiffskapitäne bereicherten sich an der Not der Unglücklichen. Viele Länder waren den Juden verschlossen, in anderen erhielten sie nur begrenztes Bleiberecht. Nur das Osmanische Reich öffnete ihnen bedingungslos seine Pforten. Sultan Bayezid II. soll gesagt haben: «Wie töricht sind die spanischen Könige, dass sie ihre besten Bürger ausweisen und ihrem ärgsten Feind überlassen!»

Die Vertriebenen wurden in alle Himmelsrichtungen zerstreut. Die Mehrzahl ging über Land nach Westen, in das benachbarte Portugal. Von dort aus gelangten sie später nach Frankreich sowie nach Amsterdam, London und Hamburg. Viele fanden Zuflucht im Süden, in den Sultanaten des nordafrikanischen Maghreb, in Städten wie Fes, Tetuan, Oran und Tunis. Einige reisten nach Italien, wo sie im Kirchenstaat und in den oberitalienischen Fürstentümern aufgenommen wurden; von Bedeutung wurde die sephardische Zuwanderung in den Hafenstädten Livorno, Ancona und Venedig sowie in Ferrara und Mantua. Zahlreich waren die Sepharden, die sich im osmanischen Osten niederließen, in Istanbul und Saloniki, im kleinasiatischen Izmir sowie in Damaskus, Kairo, Jerusalem und in dem kleinen Städtchen Safed (hebr. *Tsephat*, an der Nordgrenze des heutigen Israel).

Man hat viel über die Zahl der ausgewiesenen Juden gerätselt. Die Aussagen der Zeitgenossen sind widersprüchlich und meist übertrieben. Früher ging man von bis zu 300 000 Vertriebenen aus; diese Zahl gilt heute als überhöht. Nach neuesten Forschungen ergeben sich folgende Zahlen: zwischen 80 000 und 110 000 Juden verließen die Ländereien der Krone von Kastilien, von ca. vier Millionen Einwohnern insgesamt; 10 000 bis 12 000 wurden aus den Ländern der Krone von Aragón vertrieben, bei einer Gesamtbevölkerung von ca. 850 000. Dies ist prozentual nicht besonders viel, aber man muss bedenken, dass

die jüdische Bevölkerung in vielen Bereichen Schlüsselstellungen
einnahm, so dass die Auswirkungen weit größer waren, als aus
den Zahlen hervorgeht.

Nach dem Erlass des Vertreibungsediktes sahen viele Juden,
von Angst erfüllt, keinen anderen Ausweg als die Konversion.
Über ihre Zahl kann man nur spekulieren. Es gibt seriöse Historiker, die von 600 000 ausgehen, was in Relation zu den Ausge-
wanderten sehr viel wäre. Genaue Daten haben wir nicht und
werden sie auch niemals bekommen. Sicher ist nur, dass die
Taufen in dieser Zwangslage zahlreich waren. Nicht wenige
hofften auch, in einer veränderten Situation wieder zum Judentum zurückkehren zu können, wie dies später dann auch der
Fall war, besonders in Amsterdam. Andere resignierten einfach
angesichts der ewigen Verfolgungen. Es gibt aber auch Zeugnisse für eine nihilistische Abwendung von jeder Art von Religion.
Die Unvereinbarkeit der Monotheismen führte bei so manchem
zu einem skeptischen Agnostizismus, der unter dem Deckman-
tel einer nach außen christlichen Existenz relativ sicher gelebt
werden konnte und sich nur gelegentlich in Satiren und beißen-
dem Spott ein Ventil schuf.

Die Inquisition

Mit der Vertreibung aller Juden von spanischem Boden hatte
man ein Problem gelöst: Die Versuchung der Conversos, durch
den schlechten Einfluss ihrer früheren Glaubensbrüder vom
Christentum abtrünnig zu werden, war beseitigt. Dafür hatte
man sich jedoch ein anderes, weitaus gravierenderes Problem
eingehandelt. Schon im Laufe des 15. Jahrhunderts und dann
mit dem Edikt von 1492 war es massenweise zu Konversionen
unter dem Druck der Verhältnisse, nicht aus innerer Überzeugung gekommen. So entstand eine Klasse, oder besser Kaste,
von Scheinchristen. Die Conversos wurden quantitativ wie qualitativ ein ernster Störfaktor im sozialen Gefüge. Der Juden hatte man sich mit einem Federstrich entledigen können, die Conversos hingegen waren ganz normale Spanier, mit dauerhaftem
Bürgerrecht in Staat und Kirche. War der Feind bis dahin nach

außen abgegrenzt und deutlich sichtbar, so lauerte er jetzt im Inneren.

Den Abkömmlingen von Juden konnte man grundsätzlich niemals trauen; ihre Frömmigkeit war vielleicht nur gestellt, mochten sie sich auch noch so christlich geben. Religiöse Ausgrenzung wurde zu rassischer; man sah die Nachkommen der Juden als von Natur aus falsch und pervers an. Da die Conversos von ihrem alten Glauben trotz Taufe nicht lassen wollten, musste es ihnen im Blut liegen. Ihr unreines Blut sollte sich nicht mit dem reinen der authentischen Christen vermischen. Es entstand die unheilvolle Spaltung der Nation in «alte» und «neue» Christen. Wer auch nur einen Tropfen jüdisches Blut in den Adern hatte, gehörte zu den Ausgegrenzten, den ewig Verdächtigen, die man Tag und Nacht argwöhnisch beobachtete, um auffälliges Verhalten der Inquisition zu melden. Es kam eine Zeit, in der es lebensgefährlich sein konnte, sich am Freitag Abend zu waschen und frische Kleider anzuziehen, weil die Juden zu diesem Zeitpunkt den Sabbat feierlich zu begrüßen pflegen. Noch verdächtiger war es, wenn man Schweinefleisch mied; die christliche Gesinnung von Conversos wurde oft damit auf die Probe gestellt, dass man ihnen Schinkenspeck zum Essen anbot – eine Ablehnung hatte fatale Folgen. Verdacht konnte man sogar im Gottesdienst erregen; Christen und Juden haben den Psalter gemeinsam, und so konnten die Juden wenigstens etwas aus ihrem heiligen Buch zur geistlichen Erbauung nutzen – aber wehe, wenn sie am Ende der Rezitation die trinitarische Formel *Gloria patri et filio et spiritui sancto* vergaßen!

Die Conversos hießen im Volk *marranos*, «Schweine». Das Wort ist im Spanischen schon seit den ältesten Zeiten belegt. Es kommt vom arabischen *maḥram*, «das Verbotene», aus der Wurzel *ḥrm*, «verbieten, tabuisieren», die wir von dem Wort *Harem* kennen, eigentlich «verbotener Bereich». In den alten Dokumenten bezeichnet es meist nicht das Schwein als Tier, sondern sein Fleisch als tabuisierte Nahrung. Man verspottete die Juden mit dem, was sie selbst am meisten verabscheuten. Das Nahrungstabu wird auf das Volk projiziert, für das es gilt, als schlimmste denkbare Verächtlichmachung. Diese Benennung

ist in vielen europäischen Sprachen verbreitet, bis hin zur deutschen «Judensau». In der historischen Literatur hat der Ausdruck *Marranen* heute seinen diskriminierenden Charakter verloren und ist völlig geläufig als Bezeichnung nicht für die offen
praktizierenden Juden, sondern für die äußerlich zum Christentum konvertierten Kryptojuden in Spanien, Portugal und deren
überseeischen Besitzungen. Gemeint sind damit nicht nur die
Menschen, die direkt vom Judentum zum Christentum konvertiert sind, sondern auch ihre Nachkommen, über Generationen
hinweg. Auf Hebräisch nennt man sie *anusim*, «Gezwungene»,
von der Wurzel *'ns*, «zwingen, nötigen, vergewaltigen». Die
Conversos in ihrer Gesamtheit nennt man auch *anusim u-beney
anusim*, «Zwangsbekehrte und Söhne von Zwangsbekehrten».

Die Konversion war ein gravierender Schritt mit ambivalen-
ten Konsequenzen. Die angestrebte Sicherheit vor Verfolgung
erwies sich bald als trügerisch. Die Conversos standen unter
Generalverdacht; man hatte sie ganz besonders im Visier, mehr
noch als Kryptomuslime und christliche Häretiker. Juden konnte von der Inquisition nicht belangt werden, standen sie doch
außerhalb der christlichen Jurisdiktion; mit der Taufe aber wurden sie ihr unterworfen und waren daher inquisitorischen Nach-
forschungen ausgesetzt. Von Ferdinand von Aragón ist ein Brief
an Torquemada aus der Anfangszeit der Inquisition erhalten, in
dem Folgendes steht: «So mancher möchte gerne Christ werden,
aber wegen der Inquisition haben sie Bedenken, das zu tun,
denn sie glauben, dass bei einem leichten Vergehen oder Irrtum
eine schwere Strafe gegen sie verhängt wird, und das macht ihnen so große Angst, dass sie nicht wagen zu konvertieren.» In
der aufgeheizten Atmosphäre des damaligen Spanien war es in
der Tat leicht, sich verdächtig zu machen. Nichts war so ge-
fürchtet, wie in die Fänge eines Inquisitionsgerichts zu geraten.
Nach 1492 gab es im Königreich keine offen praktizierenden
Juden mehr; all die vielen, die zum Schein konvertiert waren,
waren dem Zugriff der Inquisition nunmehr schutzlos ausgelie-
fert.

Die spanische Inquisition, ins Leben gerufen zur Bekämpfung
des Kryptojudentums, war eine singuläre Einrichtung. Zum ers-

ten Mal in der Geschichte gab es ein Gericht zur Gesinnungs-
überprüfung. Das «Verbrechen», das sie auszurotten suchte,
war keine Tat, sondern eine innere Überzeugung, ein Glaube.
Mit diesem Instrument erlangte die Kirche beispiellose Macht
über die Seelen, ihr Anspruch wurde totalitär. Es genügte nicht,
sich mit der Herrschaft der Kirche durch die Taufe und die Befolgung einiger Riten nominell zu arrangieren; man musste sie
auch im eigenen Innersten bedingungslos anerkennen. Abwei-
chung, gar Abfall vom rechten Glauben war nicht einfach eine
Sünde, es war ein Verbrechen und wurde als solches verfolgt.

Umso erstaunlicher ist es, dass jüdische Glaubensüberzeu-
gungen im Geheimen so lange fortbestanden. Trotz der syste-
matischsten Verfolgung, die denkbar ist, hielten viele Conversos
am Glauben ihrer Väter über viele Generationen fest, auch
wenn sie von den Inhalten dieses Glaubens nur noch eine vage
Vorstellung hatten, da es nicht mehr möglich war, religiöse
Schriften weiterzugeben, und keine geordnete religiöse Unter-
weisung erfolgen konnte. Bei einzelnen Gruppen von Conversos
lebte das «Judaisieren» in Spanien noch bis zum Ende des
18. Jahrhunderts fort. Dreihundert Jahre lang wurde in den
Familien das Bewusstsein tradiert, dass man etwas anderes war.
Im portugiesischen Belmonte stieß man sogar noch im 20. Jahrhundert auf Gruppen von Menschen, die jüdische Riten befolgen
und von der katholischen Dorfgemeinschaft gemieden werden
(s. u. S. 115–119).

Die spanische Inquisition war straff zentralistisch organisiert.
An der Spitze stand der Oberste Inquisitionsrat, die berühmte
Suprema, die vom Generalinquisitor geleitet wurde. Diesem un-
terstanden die Großinquisitoren von Kastilien und Aragón, die
ihrerseits die einzelnen Gerichtsbezirke und Gerichte kontrol-
lierten. Die Inquisitoren wurden von der spanischen Krone ernannt, die sich erfolgreich gegen jede Einflussnahme aus Rom
zur Wehr setzte. Insbesondere war es unmöglich, beim Papst Be-
rufung gegen ein Urteil der Inquisition einzulegen – ein Inquisi-
tionsurteil war unanfechtbar. Die Inquisition war allgegenwärtig, die zahlreichen Gerichte erreichten alle Regionen. Mit dem
System der *familiares*, einem Netzwerk freiwilliger Spitzel,

konnten alle Schichten des Volkes genauestens unter Beobachtung gehalten werden. Viele Altchristen erachteten es als Ehre, als *familiar* dem Heiligen Officium zu dienen. Einem Tribunal gehörten zehn Personen an: zwei Inquisitoren, ein Anklagevertreter, zwei Sekretäre, ein Gerichtsdiener, ein Geldeintreiber, ein Bote, ein Verwalter für die beschlagnahmten Güter der Angeklagten, und schließlich ein Arzt – dieser wurde bei Foltersitzungen benötigt, um die Angeklagten am Leben zu erhalten.

Die Inquisitionsgerichte zogen in ihrem zugewiesenen Bezirk von Stadt zu Stadt. Eine Kampagne begann mit öffentlicher Verlesung des sogenannten «Glaubensediktes». Die verschiedensten Arten von Ketzerei wurden aufgezählt und detailliert beschrieben, wobei das Kryptojudentum dabei stets im Vordergrund stand; daneben ging es aber auch gegen den Kryptoislam, den Lutheranismus und die Hexerei. Sodann erhielten die Einwohner eine Gnadenfrist von einem Monat, in dem sie sich selbst einer dieser Ketzereien für schuldig bekennen, öffentlich Buße tun und so vor harter Verfolgung schützen konnten. Danach trat das Gericht in Aktion. Paradoxerweise hat gerade die regelmäßige Verlesung des Glaubensediktes zur Verbreitung und Bewahrung jüdischer Riten beigetragen. Einfache Gläubige, die nur noch eine vage Ahnung vom religiösen Gesetz ihrer Vorfahren hatten, wurden dadurch explizit instruiert, wie man rituell schächtet, an welchen Tagen man zu fasten und auf welche Weise man als Jude die Toten zu begraben hat.

Wenn jemand denunziert worden war oder sich verdächtig gemacht hatte, kam er in den Kerker; sein Besitz wurde beschlagnahmt. Kontakte zu Mithäftlingen gab es ebenso wenig wie Verbindungen zur Außenwelt. Monatelange Isolationshaft ging der Gerichtsverhandlung voraus. Wer ihn denunziert hatte, wurde dem Häftling nicht mitgeteilt; die Zeugen der Anklage bekam er nie zu Gesicht. Bei der Verhandlung wurde er zunächst gefragt, warum er festgenommen worden war; man forderte ihn täglich mehrfach auf zu gestehen, ohne ihm zu sagen, was. Im Unterschied zu heutigen Gerichtsverfahren galt die Unschuldsvermutung nicht; der Angeklagte hatte seine Unschuld zu beweisen, nicht das Gericht seine Schuld. Das Schuldgeständnis war Ziel des Verfahrens, das man mit allen Mitteln zu erreichen suchte: Einschüchterung, Drohung, zermürbende Verhöre, Vorführung der Folterinstrumente und die Folter selbst. Schließlich kam es zum Richtspruch. Das Verdikt konnte nur innerhalb der Institution angefochten werden, nämlich vor der *Suprema;* eine unabhängige höhere Instanz gab es nicht. Freisprüche gab es kaum, höchstens eine Suspendierung des Verfahrens mangels Beweisen, insbesondere wenn der Angeklagte glaubhaft machen konnte, er sei Opfer haltloser Denunziationen. Überführte und geständige Angeklagte konnten sich mit der Kirche «versöhnen»; das bedeutete in leichteren Fällen eine Geldstrafe, in schwereren öffentliche Auspeitschung oder Galeerendienst. Verstockte Angeklagte wurden zum Tode verurteilt. Waren sie zur Reue bereit, konnten sie auf den Tod durch Erhängen hoffen; wenn nicht, gehörten sie zur schlimmsten Kategorie, den *impenitentes*, die lebendig verbrannt werden mussten.

Die Hinrichtungen wurden öffentlich vollzogen, in einem *Autodafé* (portugiesisch *Auto-da-fe*), einem «Akt des Glaubens». Anfangs waren diese noch nüchtern und bescheiden, doch nahmen im Lauf der Jahrzehnte Pomp und Pracht immer mehr zu. Ab 1589 mussten alle Notabeln und Beamten zwangsweise an einem in ihrer Stadt ausgerichteten Autodafé teilnehmen, ansonsten drohte ihnen die Exkommunikation. Die Verurteilten trugen das Büßergewand, den *Sambenito*, in verschiedenen Farben, je nach Schwere des Vergehens. Die Versöhnten mussten in der Öffentlichkeit immer den Sambenito tragen, so lange, wie es das Tribunal festgesetzt hatte. Die Sambenitos der zum Tode Verurteilten stellte man in der Kirche auf, zur ewigen Erinnerung an ihre Schande; auf diese Weise wurden auch die Nachfahren der Verbrannten über Generationen hinweg gebrandmarkt. Beim Gang zum Scheiterhaufen trugen die Todeskandidaten einen Knebel im Mund, um zu verhindern, dass sie durch Ausrufen ihrer Ketzereien öffentliches Ärgernis erregten. Priester versuchten, die Verstockten zur Reue zu bewegen. Tatsächlich bereuten einige noch im Anblick der Flammen und ersparten es sich so, lebendig verbrannt zu werden. In solchen Fällen wurde der Ablauf unterbrochen, Kerzen wurden entzündet und

Psalmen gesungen; das Publikum applaudierte. Wer unversöhnt blieb, wurde auf kleiner Flamme zu Tode geröstet.

Aus Sicht der damaligen katholischen Orthodoxie war das Verharren im Unglauben unverständlich und nur mit der angeborenen Bösartigkeit und Verstocktheit der jüdischen Rasse zu erklären. Typisch für diese Denkweise ist ein Zitat von José de Olmo aus dem Jahr 1680, also fast zweihundert Jahre nach der Ausweisung aller Juden aus Spanien: «Wenn man sieht, welche Mittel das Heilige Offizium aufwendet, um die Ketzer aus ihrem Irrtum zu reißen, welche Beweise es bemüht, um sie zu überzeugen, aus Schriften von Männern voll von Güte, Tugend und Wissenschaft, dann kann nur eine willentliche Verstocktheit erklären, dass jemand sich weigert, die christliche Religion anzunehmen. Bei den Menschen dieser Nation – den Juden – überwiegt das Erbe; aus Stolz ziehen sie die Blindheit ihrer Vorväter der Weisheit der christlichen Lehrer vor, und diese Gefühle – verstärkt durch Sinnlichkeit und Habgier – verschließen ihre Augen vor der Vernunft.» Solche Worte zeigen ein totalitäres Denken: die Wahrheit, die man selbst verkündet, muss von jedem vernünftigen Menschen als wahr anerkannt werden; wer sie leugnet, gilt als verrückt. Inquisitorische Mentalität blieb nicht auf das katholische Spanien beschränkt. Unter Stalin hat man Dissidenten in die Psychuschka gesteckt. Apostaten vom Islam werden heute noch vielerorts als Geisteskranke angesehen; manchmal fingieren sie allerdings auch den Wahnsinn, um dem Tode zu entgehen.

Die Inquisition hatte ein zähes Leben. Am heftigsten wütete sie in den ersten Jahren unter Torquemada; zwischen 1480 und 1500 wurden Tausende Judaisierende verbrannt. Danach wechselten Perioden starker und minderer Aktivität ab. Bis weit ins 18. Jahrhundert gab es Autodafés sowohl in Spanien als auch in Portugal. Als man 1720 im Herzen von Madrid eine geheime Synagoge entdeckte, wütete die Inquisition mit lange nicht mehr gesehener Heftigkeit; noch unter der Herrschaft von Philipp V. (1700–1746) wurden 1500 Häretiker verbrannt, fast 11 000 mit der Kirche «versöhnt». Danach ließ ihre Tätigkeit nach, weniger aus Mangel an Eifer als vielmehr aus Mangel an anklagbaren Menschen. In Portugal wurde das letzte Autodafé im Jahre 1765 abgehalten; kurz danach machte der aufklärerische Marquês de Pombal (1699–1782) dieser Art von öffentlichem Spektakel ein Ende. Offiziell bestand die Inquisition in diesem Land aber noch bis 1821. In Spanien wurde sie 1808 von Joseph Bonaparte abgeschafft, dann aber von dem reaktionären Ferdinand VII. wieder eingeführt. Noch im Jahre 1826 wurde ein ketzerischer Schullehrer *in effigie* verbrannt; erst 1834 erfolgte die definitive Auflösung der Institution. Papst Johannes Paul II. hat sich im März 2000 für die Exzesse der Inquisition und für die Judenverfolgung der Kirche in seiner großen Ansprache «Mea culpa» öffentlich entschuldigt.

Über die Zahl der Opfer ist viel spekuliert worden. Vermutlich sind ca. 150 000 Menschen im Verlaufe ihrer Geschichte von der spanischen Inquisition verurteilt worden; die Zahl der Autodafés liegt mit Sicherheit über 2000. Dies mag für einen Zeitraum von dreihundertfünfzig Jahren als nicht allzu viel erscheinen. Entscheidend ist jedoch etwas anderes. Die Inquisition war ein mächtiges und effizientes Instrument zur Unterdrückung jeder Art von Gedankenfreiheit, jeder Art von Anderssein. Die Angst vor ihrer Macht durchdrang die spanische Gesellschaft bis in die feinsten Verästelungen und führte zu einer totalen Uniformierung, zumindest an der Oberfläche. Vielleicht war die Inquisition weniger blutrünstig, als die «schwarze Legende» dies in schauerlicher Übertreibung ausgemalt hat. Aber sie war einzigartig als eine Institution der kalt durchrationalisierten, bürokratisierten Repression. Mit ihrem Spitzelsystem war sie allgegenwärtig. Sie trug bereits all die Eigenschaften in sich, die dann von den roten und braunen Totalitarismen des 20. Jahrhunderts perfektioniert worden sind.

Der Makel der Herkunft

Für die Abkömmlinge konvertierter Juden waren neben der Inquisition vor allem die Statuten der Blutreinheit ein Element der Unterdrückung und Erniedrigung. Auch wenn sie nicht judaisierten, sondern ganz normal als Christen unter Christen lebten,

waren die Conversos als Marranen abgestempelt. Der Makel
der jüdischen Herkunft war unauslöschlich; es bedurfte nicht
einmal der Ausstellung eines Sambenito in der örtlichen Pfarr-
kirche. Statuten zur Blutreinheit *(estatutos de limpieza de
sangre)* wurden erstmals 1449 in Toledo erlassen; sie existierten
danach jahrhundertelang in zahlreichen je nach Ort und Zeit
unterschiedlichen Versionen. Die zentrale Frage war immer:
Wieviel «unreines Blut» fließt in den Adern? Diese Statuten waren ein Vorläufer der Nürnberger Rassengesetze. Jedes bedeu-
tendere Amt, jeder Platz in einem *Colegio* an einer Universität,
jeder höhere militärische Rang setzte einen Nachweis der Blutreinheit *(probanza)* voraus – ein Vorläufer des arischen Nach-
weises. Diese Bestimmungen überlebten die Inquisition und galten praktisch bis zum Ende des 19. Jahrhunderts, obgleich sie in
späteren Zeiten nicht mehr so skrupulös beachtet wurden wie
im 16. und 17. Jahrhundert. Der Nachweis der Blutreinheit
wurde zeitweise zur Obsession. In den entlegensten Dörfern ließ
man vergilbte Kirchenbücher ausgraben, um einen altchristlichen Urgroßvater ausfindig zu machen. Manchmal ließ man
solche Nachweise gegen gute Bezahlung auch fälschen. Die An-
wendung der Statuten war allgegenwärtig und prägte das All-
tagsleben. Damit wurde die Spaltung der Gesellschaft in genea-
logisch definierte Kasten zementiert.

Diese Regelungen galten nicht nur in Spanien, sondern auch
in Lateinamerika, bis zu den Unabhängigkeitskriegen und noch
darüber hinaus. Ein konkretes Beispiel: Justo Rufino de San
Martín, Bruder des argentinischen Befreiungskämpfers, musste
sich für seine militärische Karriere im Jahre 1794 bescheinigen
lassen, dass seine Vorfahren bis ins zweite Glied allesamt «ehr-
bare alte Christen von reinem Blut, keine neu bekehrten Juden»
gewesen seien und dies durch Zeugen bestätigt werden könne –
302 Jahre nach dem Vertreibungsedikt, im fernen Buenos
Aires.

Das spanische Volk war zwar im katholischen Glauben vereint, zugleich aber zutiefst gespalten in «alte» und «neue» Christen. Der Riss zwischen dem «guten» und dem «schlechten»
Spanien ging mitten durch das Volk und hat die spanische Ge-

schichte geprägt. Noch im Spanischen Bürgerkrieg standen sich «las dos Españas» gegenüber, und Franco benutzte das Vokabular des traditionellen Antijudaismus.

Die Conversos waren, anders als die zwangsbekehrten Mauren, die Moriscos, nicht äußerlich als solche erkennbar. Sie waren Spanier so wie die anderen und unterschieden sich nicht, wie die ehemaligen Muslime, durch Tracht und Gebräuche vom Durchschnitt. Gerade deshalb saß der Hass so tief. Jeder konnte bei genauer Nachforschung «einer von denen» sein, man sah es den Menschen nicht an. Insbesondere war die Adelsklasse bis in die höchsten Kreise von Conversos und ihren Nachkommen durchsetzt. Die beste Garantie für einen untadeligen Stammbaum war, wie man ironisch zu sagen pflegte, eine bäuerliche Herkunft und ein Name wie *Sancho García*. In jener Zeit hat ein schleichender Rassismus gegenüber einem eher imaginären als realen Feind die spanische Gesellschaft wie eine heimtückische Krankheit befallen und von innen ausgehöhlt.

Unter den großen Autoren der spanischen Literaur des Goldenen Zeitalters *(Siglo de Oro)* sind einige, von denen man mit Sicherheit weiß, dass sie von Conversos abstammten. Dies gilt in erster Linie für das Dreigestirn der großen Mystiker, deren jüdische Abstammung nicht einfach nur ein interessantes biographisches Detail ist, sondern auch Einfluss auf ihre Werke hatte. Es ist wohl auch kein Zufall, dass sich Conversos gerade in der religiös geprägten Literatur finden. In der Zeit des Konzils von Trient, als die offizielle Linie der Kirche ganz auf eine dogmatische Verhärtung hinauslief, kam die Verinnerlichung der Religion und gelebte Spiritualität von Dichtern, die in ihrer eigenen Familie den schmerzhaften Prozess der Konversion mit ihren Folgen erlebt hatten. Im 16. Jahrhundert entstand so eine Hochblüte der Mystik, christlich geprägt, aber mit unleugbaren hebräischen Einschlägen, besonders durch den Bezug auf das biblische Hohelied.

Der Großvater der heiligen Teresa von Ávila (Teresa de Jesús, 1515–1582) war noch vor Errichtung der Inquisition zum Christentum konvertiert. Als frühreifes Kind bekam sie hautnah mit, wie ihr Vater verbissen darum kämpfte, Anerkennung als voll-

wertiger Spanier zu finden und den Adelstitel eines Hidalgo zugewiesen zu bekommen. Die Auseinandersetzung zwischen ihrer Familie und dem Staatsanwalt dauerte fünf Jahre und
brauchte die finanziellen Reserven auf. Am Ende stand ein hal-
ber Sieg: Sie durften den Titel führen, aber nur in Ávila, nirgendwo sonst. Im Werk der großen Mystikerin und Reformato-
rin des Ordenswesens findet man keine direkten Spuren ihrer
jüdischen Herkunft, doch lesen sich manche Andeutungen im
Licht dieses Wissens mit anderen Augen. Jedenfalls lehnte sie
die herrschende Titelgläubigkeit vehement ab und nahm ausdrücklich auch Angehörige der verachteten Converso-Kaste in
ihren Orden auf, womit sie sich bewusst über die Statuten zur
Blutreinheit hinwegsetzte. Die Heilige verfasste um 1565 einen
Kommentar zum Hohenlied, was damals so gefährlich war, dass
der befreundete Geistliche, dem sie die Handschrift zeigte, sie
sofort ins Feuer warf. So blieb ihr die Verfolgung durch die Inquisition erspart.

Der heilige Johannes vom Kreuz (San Juan de la Cruz, 1542–
1591) stammte aus einer armen Wollweberfamilie. Man weiß
aufgrund von Dokumenten, dass der Urgroßvater des Mystikers
1489 vom Inquisitionsgericht in Toledo wegen Judaisierens verurteilt und sein gesamter Besitz eingezogen worden war, weswe-
gen seine Nachkommen in Armut leben mussten. Im Werk des
Heiligen, eines der größten Dichter spanischer Sprache, finden
wir zahlreiche Elemente, die auf das Zusammenleben der drei
Religionen hindeuten. Seine Bildersprache erinnert an die muslimischen Mystiker, die Sufis; Hauptquelle seiner Inspiration war
jedoch das biblische Hohelied, das in seinen «Geistlichen Lie-
dern» allgegenwärtig ist.

Schließlich ist Fray Luis de León zu nennen (1528–1591), der
ebenfalls einer Converso-Familie entstammte. Seine akademi-
sche Karriere wurde mit einer Professur für Hebräisch in Sala-
manca gekrönt. Er hatte den Wagemut, das gesamte Hohelied
zu übersetzen, im Zeitalter der Gegenreformation ein Tabubruch in mehrfacher Hinsicht: Die Übersetzung folgte dem hebräischen Original, nicht der lateinischen Vulgata und stellte
damit deren Autorität infrage; zudem übersetzte er in die Volks-

sprache Spanisch, was streng verboten war; und schließlich hob er den wörtlichen, nämlich erotischen Sinn des biblischen Textes hervor. Als diese Übersetzung 1572 bekannt wurde, geriet er sofort ins Visier der Inquisition, der er als Converso ohnehin verdächtig war. Mehr als vier Jahre verbrachte er im Kerker in Valladolid. Immerhin konnte er danach wieder fast ungestört seiner akademischen Lehrtätigkeit nachgehen.

Noch weitere Autoren des Goldenen Zeitalters werden mit dem Marranentum in Verbindung gebracht, doch ohne konkrete Beweise. Fernando de Rojas (1470–1541), Autor der berühmten Tragikomödie «La Celestina», stammte vermutlich in dritter Generation von Conversos ab. Mit seinem Skeptizismus und pessimistischen Realismus brachte er nach Meinung einiger Literaturhistoriker die innere Zerrissenheit und das profund unsichere Lebensgefühl seiner Kaste zum Ausdruck. Man hat sogar Miguel de Cervantes (1547–1616) zu einem Abkömmling von Kryptojuden machen wollen und seinen Don Quijote als Metapher auf die unsichere, Chimären nachjagende Existenz des Converso gedeutet. Immerhin stammt der unsterbliche Ritter aus «einem Dorf in La Mancha» – *mancha* kommt von lateinisch *macula*, was «Fleck» bedeutet; dieses Wort steht in den Dokumenten und Akten der Inquisition für den unauslöschlichen «Makel» der jüdischen Abstammung!

2. Die sephardische Diaspora

Vom Regen in die Traufe: Portugal

Das Vertreibungsedikt von 1492 zwang die taufunwilligen Juden zu rascher Flucht. Sehr viele nahmen den Landweg nach Portugal, in eine vermeinliche Sicherheit. Sie konnten nicht ahnen, welch dramatische Schicksale sie im Nachbarland erwarteten.

Der portugiesische König Johann II., genannt «der vollkommene Fürst» (1455–1495), öffnete die Grenzen für die Flücht-

linge. Sein Hauptmotiv war, dass er Geld für seinen geplanten
Afrika-Feldzug brauchte. Außer von Säuglingen verlangte er
von jedem Grenzgänger acht Golddukaten Eintrittsgeld. Wer
ein nützliches Handwerk ausübte, ein Schmied zum Beispiel,
brauchte nur die Hälfte zu zahlen. Nach zeitgenössischen Berichten sollen 70000 Menschen nach Portugal gekommen sein,
wo sie sich vor allem in Lissabon und Évora, daneben auch in
Coimbra und Porto niederließen. Die ortsansässigen jüdischen
Gemeinden verdoppelten sich durch diesen Zustrom. Der König erlaubte den Aufenthalt jedoch nur für kurze Zeit; spätes-
stens nach acht Monaten mussten sie entscheiden zwischen
Taufe oder Versklavung. Der Termin verstrich, Schiffe standen
nicht zur Verfügung, die Sepharden wurden zu Sklaven.

Erklärtes Ziel des Königs und seines Nachfolgers war es, die
Juden auf den Weg des rechten Glaubens zu bringen; beide hofften, möglichst viele von ihnen zur Taufe bewegen zu können.
Johann II. stellte bei Konversion große Privilegien in Aussicht,
doch der Erfolg blieb aus; kaum einer von denen, die gerade
ihre Heimat verließen, um ihrem Glauben treu bleiben zu können, trat zum Christentum über, sie nahmen lieber die Sklaverei
in Kauf. Da ergriff der König eine grausame Maßnahme: er entriss 700 Kinder ihren Eltern und ließ sie auf die kurz zuvor entdeckte Insel São Tomé im Golf von Guinea verbringen, wo sie
unter christlicher Obhut aufwachsen sollten, fern vom verderb-
lichen Einfluss ihrer Eltern. So wurden diese Kinder zu Christen,
der König hatte ihr Seelenheil gerettet – dass sie dann als Ar-
beitskräfte auf den tropischen Zuckerrohrplantagen zur Verfügung standen, war ein erwünschter Nebeneffekt.

Im Herbst 1495 übernahm König Manuel I., genannt «der
Glückliche», (1469–1521) die Regierung. Als Erstes gab er den
Sepharden die Freiheit zurück, die ihm dafür dankbar eine große Geldsumme anboten; er lehnte jedoch ab, denn er wollte sie
«mit Milde und Menschlichkeit» *(com blandura e humanidade)*
zur Konversion bewegen. Aber die Milde dauerte nicht lange.
Schon im Dezember 1496 erließ er sein eigenes Vertreibungsedikt, nach dem Vorbild des spanischen Edikts von 1492, mit
nahezu wörtlich übereinstimmenden Formulierungen. Milder

war er nur insofern, als er eine längere Frist setzte und den Juden erlaubte, Geld und Wertsachen mitzunehmen. Bis Oktober 1497 mussten alle Juden das Land verlassen haben, auch die seit alters in Portugal ansässigen. In demselben Edikt wurden übrigens auch die Mauren des Landes verwiesen. Wieder standen die Sepharden, die gerade gemeint hatten, eine sichere Zuflucht gefunden zu haben, vor dem Nichts. Was war geschehen? Was hatte diesen toleranten und menschenfreundlichen Monarchen zu seinem Sinneswandel bewegt?

Manuel stand mit den Katholischen Königen über seine Heirat mit ihrer Tochter Isabel in Verhandlungen. Sie war die Witwe von Alfons, Sohn des portugiesischen Königs Johann II., der bei einem Reitunfall jung ums Leben gekommen war. Die Prinzessin war abergläubisch und meinte, der frühe Tod ihres Mannes sei die Strafe Gottes dafür, dass Johann II. die Sepharden bei sich aufgenommen und sie beschützt hatte. Sie fürchtete, mit Manuel ein ähnliches Schicksal zu erleiden, wenn er nicht zuvor Portugal von der «ansteckenden Pest der Ungläubigen» befreit habe, und weigerte sich, ihren Fuß auf portugiesischen Boden zu setzen, solange noch Juden «in ihrer verstockten Blindheit» dort lebten. Manuel wollte seine Braut nicht verlieren und erließ das Edikt, in der Hoffnung, die Juden würden ihre Verstocktheit aufgeben und sich angesichts der großen Privilegien, die er ihnen versprach, massenweise taufen lassen. Als dies jedoch nicht eintrat, ergriff er eine noch härtere Maßnahme als sein Vorgänger: im März 1497 entriss er alle Kinder bis zum 20. Lebensjahr ihren Eltern und verteilte sie überall im Land auf christliche Pflegefamilien. Die Szenen der Verzweiflung, die sich beim Auseinanderreißen der sephardischen Familien abspielten, haben Augenzeugen eindringlich beschrieben. Viele gingen lieber gemeinsam in den Tod, als ihre Kinder an die Christen zu verlieren. Es gab aber auch christliche Helfer, die jüdische Kinder bei sich versteckten in der Absicht, sie später wieder ihren Eltern zuzuführen.

Kurz darauf versuchte es Manuel wieder mit Milde. Im Dekret von Évora vom Mai 1497 garantierte er allen Taufwilligen zwanzig Jahre Schutz vor kirchlichen Untersuchungen (eine Inquisition gab es noch nicht); sie brauchten keine besondere Kleidung zu tragen, erhielten Generalamnestie für alle früheren Vergehen und waren rechtlich in allen Dingen den Altchristen gleichgestellt. Doch die Sepharden ließen sich nicht verleiten. Da griff der König zu einer List. Kurz vor Ablauf der Frist berief er alle Taufunwilligen nach Lissabon, wo königliche Schiffe bereitstehen und sie außer Landes bringen sollten. Aber die Schiffe blieben aus, die Frist verstrich. Dann wurden die Juden zwangsgetauft, und zwar rabiat: an Armen und Beinen, an Haaren und Bärten wurden die Unglücklichen in die Kirchen geschleift und an die Taufbecken gezerrt, wo man die Widerstrebenden schlecht und recht mit geweihtem Wasser besprengte. Ein Augenzeuge, der Bischof von Lâmega, war entsetzt über die Brutalität, mit der man das Sakrament verabreichte. Jerónimo Osório, Ratgeber des Königs und feinsinniger Humanist, meinte, zum wahren Christen könne man nur durch den Heiligen Geist werden: «Der christliche Glaube enthält so viele Wunder, so viel tiefes Wissen um die Gottheit – wie kann man Menschen mit Gewalt dazu bringen, diese Religion durch die Simulation der Religion zu profanieren?» Aber es war zu spät. Dieses Mal waren die Sepharden der Zwangstaufe nicht entkommen.

Nach diesem barbarischen Akt zeigte sich König Manuel großzügig. Zwar wurden hebräische Bücher – außer für Ärzte – verboten, doch erhielten die jüdischen Neuchristen zahlreiche Privilegien: sie konnten Adelstitel erwerben, der Aufstieg in die staatliche und kirchliche Hierarchie stand ihnen offen, sie durften frei an den Universitäten des Landes studieren. Wegen ihrer wirtschaftlichen Erfolge wurden die Conversos 1506 in Lissabon Opfer eines Pogroms, dem 2000 Menschen zum Opfer fielen. Der König hingegen hoffte, mit einem Gesetz zur völligen rechtlichen Gleichstellung von Alt- und Neuchristen (1507) die ehemaligen Juden gänzlich integrieren zu können. Aber seine Rechnung ging nicht auf. Da es keine Inquisition gab, konnten die Conversos ihre alte Religion nahezu unbehelligt weiter ausüben, und der Kryptojudaismus blühte viel offener als in Spanien. Manuel sah einen Ausweg nur in der Errichtung einer Inquisition nach spanischem Vorbild. 1515 trat er mit dem Papst in erste Verhandlungen, 1536 nahm die portugiesische Inquisition ihre Arbeit auf, und ab 1547 loderten auch in Portugal die Scheiterhaufen. Die Neuchristen bildeten eine Art Nation in der Nation; der Ausdruck «Menschen der Nation» *(homens da na-ção)* wurde zum Synonym für «Conversos». Unter dem Druck der Verhältnisse versuchten manche die Rückkehr nach Spanien. Nach 1580, als die beiden Königreiche vereint und die Grenzen offen waren, verstärkte sich diese Bewegung. Nun strömten zahlreiche überzeugte Kryptojuden zurück nach Spanien und hauchten dem dort allmählich absterbenden Marranentum neues Leben ein. Dies führte zu einer neuerlichen Repressionswelle der spanischen Inquisition, die ihrerseits den jüdischen Widerstandswillen stärkte. In Spanien wurde der Begriff «Portugiese» zeitweise fast gleichbedeutend mit «Kryptojude». Zahlreiche portugiesische Marranen suchten ihr Heil indes nicht in Spanien, sondern in Nordeuropa, wo sie sich offene Rückkehr zum Judentum erhofften. Einige fanden Zuflucht in Frankreich, insbesondere im grenznahen Bayonne und in der Hafenstadt Bordeaux. Das eigentliche Land der Verheißung waren jedoch die Niederlande, die sich nach langem Kampf 1571 vom spanischen Joch befreit hatten.

Fluchtpunkte im Norden: Amsterdam, London, Hamburg

Ab 1590 begannen die portugiesischen Marranen in kleinen Gruppen in Amsterdam einzuwandern. In dieser aufblühenden Handelsstadt fragte man bei Ausländern nicht nach religiösen Überzeugungen, nur für die eigenen Staatsbürger war der Calvinismus verbindlich. Die angeblich katholischen «Portugiesen» waren wegen ihrer Weltläufigkeit, ihres Handelsgeschicks und ihrer internationalen Beziehungen hochwillkommen. Zwischen 1607 und 1615 entstanden drei unabhängige Gemeinden, in denen das Judentum wieder offen praktiziert wurde. 1639 schlossen sich die Juden zu einer Einheitsgemeinde zusammen und erlangten volle rechtliche Anerkennung; nur vom Anwaltsberuf waren sie ausgeschlossen.

Die portugiesischen und spanischen Juden in Amsterdam haben zum Aufschwung dieser Stadt und der Niederlande wesentlich beigetragen. 1911 schrieb Werner Sombart in einem vielbeachteten Essay über «Die Juden und das Wirtschaftsleben»: «Wie die Sonne geht Israel über Europa: wo es hinkommt, sprießt neues Leben empor, von wo es wegzieht, da modert alles, was bisher geblühet hatte.» So würde man das heute nicht mehr formulieren, aber die Behauptung als solche ist nicht falsch. Die sephardischen Juden waren an der Entwicklung der neuzeitlichen globalisierten Weltwirtschaft maßgeblich beteiligt; der moderne Kapitalismus war nicht nur von der «Ethik des Protestantismus», sondern auch von der visionären Weitsicht der internationalen sephardischen Elite geprägt.

Überall auf der Welt waren die Niederländer auf dem Vormarsch und drängten die Portugiesen zurück; sie entrissen ihnen die Handelsstützpunkte in Malaya, Indonesien und Japan. Auch in der Neuen Welt suchten sie Fuß zu fassen. Zeitweise waren sie sogar erfolgreich in Brasilien, was ganz ungeahnte Konsequenzen an anderer Stelle hatte. Da diese Geschichte wenig bekannt ist, lohnt es sich, etwas genauer darauf einzugehen.

Marranische Siedler ließen sich schon im frühen 16. Jahrhundert im Nordwesten Brasiliens nieder, vor allem in Recife, der Hauptstadt der Provinz Pernambuco, wo sie äußerst erfolgreich den Anbau von Zuckerrohr betrieben. Auch in jenem fernen Land witterte die Inquisition einen Rückfall in die jüdische Religion und errichtete 1553 ein Tribunal in Olinda, dem Hafen von Recife. Der größte Plantagenbesitzer, Diego Fernández, wurde festgesetzt und wegen Judaisierens verurteilt. 1630 wurde Pernambuco von den Niederländern erobert. Dies eröffnete den Marranen die bis dahin in der Neuen Welt einmalige Gelegenheit, offen zum Judentum zurückzukehren. Sie errichteten eine Synagoge und gründeten eine Talmud-Schule. 1642 sandte die Amsterdamer Gemeinde den Talmud-Gelehrten Isaak Aboab da Fonseca (1605–1693) nach Pernambuco; er wurde der erste Rabbi der Neuen Welt. Noch in Portugal geboren, wuchs Isaak Aboab in Saint-Jean-de-Luz bei Bayonne auf und erhielt dort auch seine Ausbildung. Bevor er nach Brasilien entsandt wurde, war er stellvertretender Leiter der Gemeinde in Amsterdam. Eigentlich geistlicher Führer, nahm er in Pernambuco aber auch aktiv an den kriegerischen Auseinandersetzungen mit den Portugiesen teil. Als die Holländer 1646 einen portugiesischen Angriff erfolgreich zurückschlugen, besang er diese Tat in einem hebräischen Hymnus, dem ersten Werk in dieser Sprache in der Neuen Welt. Nachdem Pernambuco 1654 nach langem erbittertem Ringen an die Portugiesen gefallen war, kehrte der Rabbi nach Amsterdam zurück, wo er bis ins hohe Alter der Gemeinde vorstand. Er war es auch, der 1671 den Bau der großen Synagoge *(Esnoga)* anregte und dort vier Jahre später die erste Predigt hielt – seine portugiesischen Predigten galten als unübertrefflich.

Die siegreichen Portugiesen wiesen die Juden unverzüglich aus Pernambuco aus. Auf der Flucht vor der Inquisition wandten sie sich nach Norden und fanden in der Karibik zahlreiche Orte, an denen sie sich niederlassen und den Zuckerrohranbau entwickeln konnten (Curaçao, Jamaica). Eine kleine Gruppe von dreiundzwanzig Sepharden segelte noch weiter, bis nach Nieuw Amsterdam, dem späteren New York. Peter Stuyvesant (1612–1672), Generaldirektor der damals noch kleinen Stadt, war ein Judenhasser; er verachtete ihre Rasse, Religion und angebliche Geldgier; seinen Vorgesetzten in der Westindischen Kompanie musste er sich jedoch beugen und die Juden akzeptieren. 1655 erhielten sie verbriefte Rechte in der holländischen Kolonie; sie begannen, Handel zu treiben und Unternehmen zu gründen. Im selben Jahr wurde der «Waal» gebaut, ein Wall zum Schutz vor indianischen Angriffen; für diese Keimzelle der späteren Wall Street zahlten die Juden 8 % der Kosten, obwohl sie nur einen Bruchteil der Bevölkerung ausmachten. 1664 ging die Stadt an die Engländer über. Inzwischen waren die Juden fest etabliert und trugen entscheidend zum Aufschwung der Stadt bei. Dominierten anfangs die Sepharden, überwog bald die aschkenasische Einwanderung; heute sind die Sepharden in New York, der größten jüdischen Siedlung der Welt, eine kleine Minderheit.

Die Sepharden in Amsterdam wurden zu Pionieren des modernen globalisierten Kapitalismus. Sie entwickelten den Welthandel, importierten exotische Gewürze, tropische Hölzer, Edelsteine und Rohstoffe; die Diamantenindustrie wurde ihr Monopol. Auch die Entstehung und Entwicklung des Börsenwesens verdankt den Sepharden entscheidende Impulse. Unter ihnen bildete sich ein modernes, auf Rationalität begründetes Ethos heraus, das für die wirtschaftliche Entwicklung von Städten wie Amsterdam, Hamburg, London und New York entscheidend wurde. Viele der zum Glauben ihrer Väter zurückgekehrten portugiesischen und spanischen Juden gelangten zu Wohlstand und zeigten stolz ihren Reichtum. Im Gegensatz dazu brachten die aschkenasischen Juden ihre Armut aus Osteuropa mit und fristeten ihr Leben zunächst bescheiden als Handwerker oder Trödler. Durch den sich entwickelnden wirtschaftlichen Austausch innerhalb von Europa verbesserte sich jedoch auch ihr Lebensstandard immer mehr.

Die Amsterdamer Gemeinde regelte ihre internen Angelegenheiten selbst. Eine Art oberster Rat der geistlichen Führer *(parnasim)* war der Stadt zwar Rechenschaft schuldig, nach innen konnte er aber weitgehend autonom agieren. Dabei war der «Bann» *(ḥerem)* ein wichtiges Machtinstrument. Wachstum und Erfolg der Gemeinde machten Amsterdam zu einem «Jerusalem des Nordens». Von 500 Seelen im Jahre 1612 wuchs sie in zwei Generationen auf das Fünffache an. 1675 wurde die große Synagoge *(Esnoga)* von Rabbi Aboab feierlich eingeweiht; mit diesem heute noch bestehenden Bauwerk demonstrierte das Amsterdamer Sephardentum seinen Erfolg und seine Macht.

Ein blühendes Druckwesen und die Entstehung bedeutender Verlagshäuser bezeugen das intensive geistige Leben. Außer auf Hebräisch und Latein schrieben die Autoren in spanischer und portugiesischer Sprache, und zwar in der normativen Form, wie sie zur gleichen Zeit in Spanien und Portugal galt; da mit den Mutterländern reger Austausch herrschte, kam es nicht zur Herausbildung eines speziellen Judenspanischen wie im Orient. Alle iberoromanischen Werke wurden mit lateinischem Alphabet geschrieben; die für das Mittelalter und auch für die Sepharden im Osmanischen Reich so charakteristische Verwendung

Das Innere der 1675 eingeweihten Synagoge von Amsterdam
nach einem Stich von Bernard Picart (1673–1733)

des hebräischen Alphabets zur Schreibung der romanischen Sprachen war in den Niederlanden unbekannt.

Die führende Persönlichkeit innerhalb der Amsterdamer Gemeinde war Menasseh ben Israel (1604–1657). Sein Vater, Gaspar Rodrigues Nunes, war in Lissabon Opfer eines Autodafés geworden; als «Penitent» entging er der Verbrennung und konnte mit seiner Familie nach Amsterdam fliehen. In Amsterdam kehrte Gaspar zum Judentum zurück und nahm den Namen Joseph ben Israel an; seinen Sohn Manuel Dias, der während der Flucht auf der zu Portugal gehörigen Insel Madeira geboren worden war, nannte er Menasseh. Es war ein hochbegabter

Menasseh ben Israel
(1604–1657), Radierung
von Rembrandt, 1636

Knabe, der mit fünfzehn Jahren seine erste öffentliche Rede hielt und mit siebzehn sein erstes Buch schrieb. 1626 eröffnete er eine Druckerei, die erste hebräische Presse in Amsterdam. Als Verleger gab er mehr als siebzig Bücher auf Hebräisch, Lateinisch, Spanisch und Portugiesisch heraus und schrieb auch selbst in all diesen Sprachen. Er wirkte nicht als Rabbi, wohl aber als Prediger, Lehrer, Publizist und Diplomat im Dienste der Gemeinde. Mit dem Philosophen Hugo Grotius (1583–1645) und mit Rembrandt (1606–1669) pflegte er persönliche Freundschaft. Der Maler, der viele Jahre im Herzen des Judenviertels lebte und der jüdischen Gemeinde eng verbunden war, hat ihn 1636 porträtiert.

Sein größtes und bleibendes Verdienst waren seine Bemühungen um die Wiederansiedlung von Juden in England. 1283 hatte der Bischof von London die Schließung aller Synagogen dekretiert; 1290 waren alle Juden aus England ausgewiesen worden. Menasseh ben Israel wollte den Amsterdamer Sepharden die Tore zu der aufstrebenden Weltmacht öffnen. Deshalb reiste er 1655 nach London, wo er Oliver Cromwell (1599–1658) ein «untertäniges Schreiben» überreichen ließ, mit dem Ziel, die

Verbannung der Juden aus England aufzuheben. Der Lord Protector berief daraufhin in Whitehall eine Versammlung führender Juristen ein, die zu dem Schluss kamen, dass «es kein Gesetz gibt, das den Juden die Rückkehr der Juden nach England verbieten würde». Es kam zwar zu keiner ausdrücklichen gesetzlichen Regelung, aber die Juden durften von da an frei einreisen und sich niederlassen. Trotz der Widerstände antijüdisch gesinnter Kreise konnten sie sich fest etablieren. 1674 wurde der bis dahin genutzte provisorische Gebetsraum zu einer Synagoge ausgebaut. London wurde zu einem Zufluchtsort für verfolgte Marranen aus Portugal und erlebte einen ähnlichen Aufschwung wie zuvor Amsterdam. Die Sepharden wirkten als Börsenmakler, Großhändler und Ärzte. Gegen Ende des 17. Jahrhunderts strömten dann auch arme Aschkenasen in die Stadt. Deren Vertreter wurden 1760 erstmals von den Sepharden in ihren Selbstverwaltungsorganen zugelassen. Doch erst mit dem massiven Zustrom verfolgter russischer Juden im 19. Jahrhundert verschob sich das Gleichgewicht in London definitiv zugunsten der Aschkenasen.

Neben Amsterdam und London wurde Hamburg zum dritten Zufluchtsort für verfolgte Sepharden im nördlichen Europa. Die Flüchtlinge, die seit Ende des 16. Jahrhunderts aus Portugal in die Stadt kamen, hielt man zunächst für katholische Christen. Als die lutherische Bevölkerung auf das Judaisieren dieser neuen Mitbürger aufmerksam wurde, war die Aufregung groß. Der Rat der Stadt sah jedoch enorme wirtschaftliche Vorteile und gestattete den Marranen die Ansiedlung und das Praktizieren ihrer Religion. Schon 1611 gab es drei Synagogen. Etwa zur gleichen Zeit gelangten auch aschkenasische Juden nach Altona und Wandsbek; ihre drei Rabbinate wurden 1671 zu einem einzigen vereint. Die Sepharden blieben unterdessen in Hamburg, von den Aschkenasen getrennt, bis der Senat 1697 die jährliche Abgabe drastisch erhöhte und sie nach Altona zogen. Bis heute zeugen einzigartige Reliefs mit Szenen und Symbolen aus der Bibel auf dem dortigen Judenfriedhof von der einstigen Bedeutung der Gemeinden. Trotz der räumlichen Nähe kam es nie zu einer Verschmelzung zwischen Sepharden und Aschkenasen.

Noch in den 1930er Jahren, unter dem nationalsozialistischen Regime, stritten sich die Deutsch-Israelitische und die Portugiesisch-Jüdische Gemeinde erbittert über die Auslegung des jüdischen Bilderverbotes; Anlass war die Reliefstatue einer halbbekleideten griechischen Göttin, die ein Grab schmückte. Die portugiesische Gemeinde hatte damals noch etwa einhundert Seelen. Heute ist das Hamburger Sephardentum nur noch eine ferne Erinnerung.

Das Geistesleben in Amsterdam

Kehren wir noch einmal nach Amsterdam zurück. Die geistliche Situation war verworren. Die zum jüdischen Glauben zurückgekehrten Conversos waren auf der Suche nach der eigenen Identität und nach dem rechten Glauben. Die Ankömmlinge in Amsterdam kamen direkt aus Portugal und Spanien, sie waren in einem katholischen Umfeld aufgewachsen und von ihm geprägt. Zwar war ihnen ihr Anderssein als Juden bewusst, aber vom jüdischen Gesetz, von jüdischer Lebensführung hatten sie, nach mehreren Generationen inquisitorischer Unterdrückung, nur noch wenig konkretes Wissen. Man holte daher Rabbiner aus dem Orient zu Hilfe und schrieb einführende Werke zur Erklärung jüdischer Feste und Riten. Bald entwickelte sich im Kern der Gemeinde eine Schicht besonders strenger, gesetzestreuer Juden; den Glauben, für den ihre Väter gelitten hatten, verteidigten sie buchstabengetreu und waren nicht bereit, Abweichungen oder ein Nachlassen im Glaubenseifer hinzunehmen.

Andere waren durch die konfessionellen Wechselbäder, denen sie im Europa der Religionskriege ausgesetzt waren, zutiefst verunsichert und wurden zu Freidenkern, welche die schriftbasierte Offenbarungsreligion grundsätzlich in Frage stellten. Der Einfluss des radikalen Zweiflers René Descartes (1596–1650) drang durch alle Verteidigungsmauern, die Kirche und Synagoge gegen ihn zu errichten suchten. Besondere Hervorhebung verdient das tragische Schicksal seines Zeitgenossen und Geistesverwandten Uriel da Costa (1585–1640). Dieser wuchs als Gabriel da Costa in einer Familie ehemaliger Juden in Porto auf, die streng und mit Überzeugung katholisch geworden war; er studierte Jura in Coimbra und übernahm Ämter in der Kirche seines Colegios. Mit fünfundzwanzig Jahren kamen ihm durch Bibellektüre Zweifel am Christentum; vor allem das Dogma der ewigen Verdammnis stieß ihn ab. Er meinte, die allein selig machende Wahrheit in der Religion seiner Vorfahren gefunden zu haben, und überzeugte davon auch seine Familie. Sie ließen alles zurück und emigrierten nach Amsterdam, wo er und seine Brüder sich beschneiden ließen; er nahm den Vornamen Uriel an, was man mit «göttliche Erleuchtung» übersetzen kann.

Bald schon kollidierte sein kritischer Geist mit der Amsterdamer Orthodoxie, deren auf Äußerlichkeiten fixierte Gesetzestreue seinen Ansprüchen nicht genügte. Er vertrat die Auffassung, es komme mehr auf die innere Einstellung als auf die Befolgung von Vorschriften an. Damit stellte er die rabbinische Tradition in Frage, die seiner Meinung nach die reine ursprüngliche Wahrheit der Bibel verfälscht habe – ähnlich wie ein Jahrhundert zuvor der Augustinermönch Martin Luther, der mit dem Prinzip *sola scriptura*, «allein mit der Schrift», die Traditionsgläubigkeit der katholischen Kirche in Frage gestellt hatte. Da Costa kritisierte die «Pharisäer von Amsterdam» als verknöchert, versteinert in der rigiden Befolgung ritueller Vorschriften. Darüber hinaus wagte er es sogar, die Unsterblichkeit der Seele zu leugnen, weil es für diesen Glauben in der Hebräischen Bibel keine Grundlage gebe – womit er in der Tat recht hatte. Dies war für die Rabbiner eine nicht hinnehmbare Provokation. Vergebens versuchten sie ihn auf den Weg der Orthodoxie zurückzuführen. Der Arzt Samuel da Silva, der zuvor schon eine Abhandlung des Maimonides ins Spanische übersetzt hatte, schrieb als Entgegnung auf Uriel da Costa auf Portugiesisch eine «Abhandlung über die Unsterblichkeit der Seele» (1623). Darin bezog er Stellung «gegen die Ingoranz eines gewissen Verwirrungstifters unserer Zeit, der unter vielen anderen Irrtümern den Wahnsinn für sich vertreten und sogar publiziert hat, dass die Seele des Menschen zugleich mit dem Körper endet».

1624 wurde da Costas Buch über die Kritik des Pharisäertums verbrannt, er floh für einige Jahre nach Hamburg. 1633 kehrte er nach Amsterdam zurück; er konnte ohne die Gemeinde nicht leben und zog es vor, «ein Affe unter Affen zu werden». Aber sein Geist kam nicht zur Ruhe. Er begann die Göttlichkeit der mosaischen Offenbarung grundsätzlich in Frage zu stellen und gelangte schließlich zu einem Deismus, zu einer natürlichen Religion, die alle institutionalisierten Riten und Dogmen leugnete. Er gab die jüdischen Praktiken auf und hinderte auch andere Conversos am Übertritt zum Judentum. Daraufhin verhängten die Rabbiner den großen Bann *(ḥerem)* gegen ihn und besiegelten damit seinen Ausschluss aus der Gemeinde. So lebte er sieben Jahre, bis er schließlich abermals die Versöhnung suchte. Um diese zu erreichen, musste er seinen ketzerischen Auffassungen öffentlich abschwören; er erhielt neununddreißig Peitschenhiebe, musste sich am Eingang der Synagoge zu Boden werfen und von allen Gemeindegliedern mit Füßen treten lassen. Verzweifelt über diese Demütigung schrieb er die letzten Seiten seiner Autobiographie und schoss sich eine Kugel in den Kopf. Uriel da Costa war Zeitgenosse und Geistesverwandter von Gestalten wie Giordano Bruno, Galilei und Descartes, die mit rationalen Argumenten den Anspruch der Kirche auf den Besitz der absoluten Wahrheit in Frage stellten und dafür teuer bezahlen mussten. Sein Beispiel zeigt, dass das verfolgte rabbinische Judentum, sobald es eine gewisse Macht erlangt hatte, kaum weniger rigoros mit Abweichlern umging als die triumphierende römisch-katholische Kirche – Scheiterhaufen haben die Juden allerdings nie errichtet!

Der andere große Dissident im Amsterdamer Judentum war der Philosoph Baruch de Spinoza (1632–1677). Er entstammte einer Familie von Marranen, die nach ihrer Flucht aus Portugal zum Judentum zurückgekehrt waren. Wie alle jüdischen Knaben studierte er Tora und Talmud. Früh kam er mit Freigeistern verschiedener Couleur zusammen und las die damals zirkulierenden Werke von Descartes. Seine radikalen Ansichten wurden bekannt, noch ehe er etwas publiziert hatte, worauf der oberste Rat der jüdischen Gemeinde versuchte, ihn zur Orthodoxie zurückzuführen. Angesichts der Erfolglosigkeit dieser Bemühungen verhängte er am 27. Juli 1656 die Exkommunikation *(ḥerem)*

Baruch de Spinoza (1632–1677),
zeitgenössische Zeichnung

wegen seiner «üblen Ansichten und seiner verdammenswerten Häresie»; er war damit «aus der Nation Israel ausgeschlossen», und jeder Kontakt mit ihm war untersagt. Spinoza latinisierte seinen Vornamen Baruch in Benedictus (beides bedeutet «der Gesegnete»), studierte in Leiden und zog sich schließlich nach Den Haag zurück, wo er als Glasschleifer und Optiker mit der Herstellung von Ferngläsern, die damals noch den Reiz des Neuen hatten, ein Auskommen fand. 1673 erhielt er vom pfälzischen Kurfürsten einen Ruf an die Universität Heidelberg, mit der Zusage völliger Rede- und Gedankenfreiheit; er aber zog die Ruhe seiner Glasschleiferei vor, denn er wollte keinen neuen religiösen Streit entfachen. Zu seinen Lebzeiten erschienen nur zwei Werke, beide auf Latein: eine Abhandlung über die Philosophie von Descartes unter eigenem Namen (1663) und anonym der berühmte «Historisch-politische Traktat» (1670). Seine Ethik sowie eine hebräische Grammatik und eine naturwissenschaftliche Abhandlung über die Entstehung des Regenbogens erschienen posthum.

Die Philosophie von Spinoza kann hier auch nicht ansatzweise gewürdigt werden. Er war ein Vorläufer der Aufklärung, ein freier und universaler Geist, von immenser Bedeutung für den geistigen Fortschritt in Europa. Für Spinoza als Jude ist vor allem der *Tractatus historico-politicus* wichtig. Dieses Werk ist der erste systematische Versuch einer historischen Bibelkritik. Darin hinterfragt Spinoza den Text der Offenbarung radikal. Er zeigt durch immanente Textanalyse, dass weder Moses Autor der Fünf Bücher Moses noch beispielsweise Josua Autor des Buches Josua ist. Man müsse ermitteln, wer die biblischen Bücher mit welcher Intention verfasst habe, und bereit sein, alles Zeitbedingte als historisch relativ anzuerkennen und so zum wahren Kern der biblischen Botschaft vorzustoßen, der überzeitlich gültig und von den einzelnen Religionen unabhängig sei. Spinoza stellte nicht nur den Text der Offenbarung in Frage, sondern auch die Rolle der Juden als auserwähltes Volk. Er gelangte zu einem natürlichen Verständnis der Religion, wonach Gott mit der Natur gleichgesetzt wird *(deus sive natura)* und so seinen Charakter als strafender Übervater einbüßt. Dass die jüdischen Autoritäten eine solche Auffassung nicht akzeptieren konnten, versteht sich von selbst; aber auch den Kalvinisten von Amsterdam waren seine Schriften zutiefst suspekt.

Spinoza forderte völlige Gedankenfreiheit. Freiheit ist unveräußerlich, selbst wenn man sie aufgeben wollte, denn «es ist unmöglich, die Menschen des Rechtes zu berauben, zu sagen, was sie denken». Das wahre Ziel von Herrschaft muss die Freiheit sein; Regierung darf nicht Furcht verbreiten, sondern muss von Furcht erlösen. Das Denken kontrollieren zu wollen ist tyrannisch. So dachte ein Sepharde, dessen Familie katholische Denkkontrolle in Portugal erlitten hatte und der selbst in seiner eigenen jüdischen Gemeinde der Unterdrückung des freien Denkens ausgesetzt war.

Zwischen Weltoffenheit und Ghetto: Italien

Einige der 1492 aus Spanien ausgewiesenen Juden wandten sich nach Italien. Ihre Schicksale waren im Süden und im Norden der Appenin-Halbinsel ganz unterschiedlich. Der gesamte Süden stand unter aragonesischer Herrschaft; das Königreich Neapel umfasste die beiden großen Inseln Sizilien und Sardinien sowie das italienische Festland bis an die Grenzen des Kirchenstaats in Latium und Umbrien. Im Augenblick der Vertreibung wurden die Inseln von Spanien regiert, es kam zur Ausweisung der sizilianischen Juden (auf Sardinien spielten sie keine Rolle). Sie flohen nach Neapel, das damals gerade selbständig war. Doch schon 1504, als das Königreich an Spanien fiel, wurden die Juden erneut vertrieben. Wenige reiche Familien durften aus wirtschaftlichen Gründen zunächst noch bleiben, doch wurde diese Regelung 1541 abgeschafft und die Ausweisung zudem auf getaufte Neuchristen ausgedehnt. Ab diesem Zeitpunkt gab es im gesamten Süden Italiens für Jahrhunderte keine Juden mehr. Und als die Spanier 1597 das Herzogtum Mailand eroberten, wurden die Juden auch von dort verjagt.

Im Zentrum und Norden der Halbinsel erging es den Sepharden besser. Die Medici in Florenz, die Gonzaga in Mantua und die Este in Ferrara nahmen die aus Spanien vertriebenen Juden mit offenen Armen auf und förderten sie nach Kräften. Die Republik Venedig, wo es schon Juden anderer Herkunft gab, akzeptierten die Neuankömmlinge von der Iberischen Halbinsel ebenfalls, wenn auch zeitweise widerstrebend. Die Venezianer hatten schon 1516 das erste «Ghetto» errichtet, wo die Juden abgesondert von der übrigen Bevölkerung und weitab vom Stadtzentrum leben mussten. *Ghetto*, venezianisch *geto*, war der Name der ehemaligen «Eisengießerei», auf deren Gebiet sie angesiedelt wurden. Die Juden der Republik Venedig waren gemäß ihrer Herkunft in drei Gruppen eingeteilt: *tedeschi*, die Aschkenasen aus Deutschland, Ungarn und anderen zentraleuropäischen Ländern; *levantini*, die Orientalen aus der Levante, mit der Venedig rege Handelsbeziehungen unterhielt; und *ponentini*, also die neu hinzugekommenen spanischen Juden und Conversos aus dem «Westen».

Die Renaissance-Päpste waren den Juden wohlgesinnt und unterstellten sie ihrem Schutz. Im Kirchenstaat waren Rom und Ancona die bevorzugten Siedlungsplätze. Mit der Ausbreitung des Protestantismus formierte sich die Gegenreformation; in der Epoche des Konzils von Trient (1545–1563) verhärtete sich die

Haltung der römischen Kurie auch gegenüber den Juden. 1553 wurde der Talmud wegen angeblich feindlicher Aussagen zum Christentum verboten und öffentlich verbrannt. Ab 1555 wurden den Juden eigene, durch Mauern und Tore abgetrennte Wohnbezirke zugewiesen. 1569 erging ein Vertreibungsedikt aus den päpstlichen Landen, das allerdings nicht für Rom und Ancona galt.

Nach dem Muster des venezianischen Judenviertels nannte man die abgesonderten Judenviertel «Ghetto». Nach und nach wurden die Juden in solchen Ghettos konzentriert, oft zusammengepfercht. Lediglich in Livorno, wo die Medici eine ideale Stadt nach ihren Vorstellungen aufbauten, existierte das Ghetto nur nominell, die Juden konnten sich frei bewegen.

Trotz aller Einschränkungen entfaltete sich in Italien mit der Ankunft der Sepharden auf wirtschaftlichem und kulturellem Gebiet ein lebhaftes jüdisches Leben. Die Hafenstädte Livorno und Ancona wurden zu wichtigen Drehscheiben des Mittelmeerhandels. In Venedig gründete Gershon Soncino die erste hebräische Druckerei, die bis zum päpstlichen Verbot des Talmud florierte. Soncino und sein Kollege und Konkurrent Bomberg brachten Ausgaben der Hebräischen Bibel auf dem neuesten Stand der Forschung heraus. Auch in Mantua und Ferrara entwickelte sich ein hebräisches Druckwesen. Das von der Dynastie der Este regierte Ferrara wurde zu einem wichtigen Zufluchtsort. Herzog Ercole d'Este I. (reg. 1471–1505), ein weitsichtiger, modern gesinnter Herrscher, lud die aus Spanien vertriebenen Juden ausdrücklich in sein Fürstentum ein und bot ihnen zahlreiche Privilegien. Seine Nachfolger setzten diese judenfreundliche Politik fort. Ercole II. gestattete 1532 die Ansiedlung aschkenasischer Juden aus Böhmen, holte 1538 portugiesische und spanische Marranen ins Land und erlaubte diesen 1553 ausdrücklich die offene Rückkehr zum Judentum; auch den Flüchtlingen aus Neapel und Mailand stand das Herzogtum offen. So wurde Ferrara zu einem bedeutenden Zentrum des sephardischen Geisteslebens, bis die Stadt 1597 in päpstlichen Besitz gelangte und die Juden sich den üblichen Repressionen ausgesetzt sahen.

Ferrara war Zufluchtsort der bedeutenden marranischen Familie Usque die der Inquisition in Lissabon entkommen war. Samuel Usque übersetzte Sonette von Petrarca in wohltönende spanische Verse und trug so zur Verbreitung des Petrarkismus in der iberoromanischen Welt bei; sein Werk zeigt, dass sich die sephardischen Juden der Kunst der italienischen Renaissance weit geöffnet hatten. Von ihm stammt außerdem ein Prosawerk über die Leiden des jüdischen Volkes in portugiesischer Sprache, das nach Art der italienischen Renaissance als Gespräch zwischen drei Hirten gestaltet ist. In dieser dialogischen Form schwingt die Erinnerung an die Eklogen von Virgil nach, die man gerade neu entdeckt hatte – Hirtengespräche waren im damaligen Italien groß in Mode. Samuel Usques Ekloge trägt den Titel *Consolação às tribulações de Israel*, «Trost für die Leiden von Israel»; es erschien 1553 in der Druckerei von Abraham Usque, im selben Jahr, als in Rom die Talmudausgaben im Feuer landeten. Ein älterer Hirte namens Ycabo (= Jakob) beklagt sich bitter, dass seine Herde zerstreut und vernichtet sei. Zwei junge Hirten, Zicareo (= Sacharia, der «Erinnerer») und Numeo (= Nahum, der «Tröster») hören seine Klagen und fragen nach dem Schicksal seiner Schafe. Darauf hebt Ycabo an, in bewegten Worten die Geschichte der Leiden des Volkes Israel darzustellen: von der babylonischen Gefangenschaft und der Zerstörung des Zweiten Tempels durch die Römer über die Unterdrückung durch den Gotenkönig Sisebut bis zu den Verfolgungen in den Ländern Europas im Mittelalter. Am Ende stimmen die Hirten darin überein, dass alle Heimsuchungen von Gott geschickt und Teil seines Heilsplanes seien; jeder Verfolgung entspreche eine Himmelssphäre, bis hin zur neunten, die der portugiesischen Inquisition entspreche. Nachdem somit alle Sphären des Leidens durchschritten seien, könne das Volk Gottes nun auf baldige Erlösung hoffen. Das Druckerzeichen des Verlegers Abraham Usque bringt diese Hoffnung bildhaft zum Ausdruck: Unter einem Himmelsglobus stehen die Worte der Hoffnung aus dem Psalm 130, der aus der Tiefe der Erniedrigung kommt: «Ich harre des Herrn; meine Seele harret, und ich hoffe auf sein Wort» (Ps. 130.5). Die detaillierte Beschreibung

der jüdischen Geschichte, verbunden mit intensiver messiani-
scher Heilserwartung, sichern diesem Werk im Rahmen des jüdischen Schrifttums einen besonderen Rang. Zugleich ist es ein
Muster der Renaissanceprosa, ein Meisterwerk der portugiesischen Literatur seiner Zeit. Die Inquisition hat die erste Ausga-
be gleich nach Erscheinen vernichtet; eine zweite Auflage konnte 1599 in Amsterdam publiziert werden.

Abraham (Abraão) Usque war ein enger Verwandter von Samuel. Seine größte, im Sephardentum jahrhundertelang nachwirkende Leistung war die Herausgabe der Bibel von Ferrara,
im selben Jahr 1553 wie die Edition der *Consolação*. Eine Version ist dem Herzog Ercole II. d'Este von Ferrara gewidmet, eine
zweite der reichen und einflussreichen jüdischen Magnatin Gra-
sia Mendes (1510–1569), die sich in Portugal, den Niederlanden, Venedig, Ferrara und später in Konstantinopel mit allen
diplomatischen und finanziellen Mitteln für die verfolgten Marranen einsetzte und vielen zur Flucht verhalf. Diese aufwändig
gedruckte Übersetzung der gesamten Bibel in lateinischen Let-
tern (zuvor war 1547 eine Übersetzung des Pentateuch in Konstantinopel in hebräischer Schrift erschienen) ist von zentraler
Bedeutung für die sephardische Sprachkultur, sie muss daher etwas ausführlicher behandelt werden.

Die Bibel von Ferrara und das Ladino

Die 1547 und 1553 in Konstantinopel und Ferrara gedruckten
sephardischen Bibelübersetzungen sind in einer besonderen
Kunstsprache verfasst, die man *Ladino* nennt. Das Wort kommt
von *latinus;* im Mittelalter bezeichnete man die spanische Sprache als *nuestro latín*, «unser Latein», *ladino* war also zunächst
einfach ein anderes Wort für «spanisch». Schon im 13. Jahrhundert hatten die sephardischen Juden begonnen, die Bibel oder
Teile davon ins Spanische zu übersetzen, wobei sie sich eng an
das hebräische Original hielten, allerdings immer im Rahmen
der spanischen Grammatik. Diese Übersetzungen nannte man
auch *enladinamientos*, «Latinisierungen». Nach der Vertreibung bildete sich, auf den mittelalterlichen Vorläufern aufbau-

end, eine neue Art des Übersetzens heraus, bei der man im
Bemühen um Wörtlichkeit nicht davor zurückschreckte, der
spanischen Grammatik Gewalt anzutun. Die Renaissance-Über-
setzungen haben eine Sprachform geprägt, die das Hebräische
gleichsam «durchpaust», so wörtlich, dass man ohne Kenntnis
des Originals den Sinn zuweilen kaum versteht. Nicht nur die
Wortstellung folgt genau der hebräischen Syntax, auch grammatische Partikeln werden nach den Regeln des Hebräischen
verwendet, selbst wenn diese mit den spanischen Regeln im Wi-
derspruch stehen. Im Hebräischen wird die Kopula «sein» meist
nicht benutzt; dementsprechend fehlt sie auch in der Übersetzung (*ich schlafend, und mein Herz wach* (Hoheslied 5.2) «ich
bin schlafend, aber mein Herz ist wach»). Eigenheiten der hebräischen Syntax werden exakt nachgeahmt; es heißt daher nicht
«diese Nacht», sondern *la noche la esta*, «die Nacht die diese» (aus der Pesaḥ-Liturgie). Die Übersetzer haben sich überdies
bemüht, jedes hebräische Wort immer mit demselben spanischen
Wort wiederzugeben, auch wenn die jeweiligen Bedeutungen
ganz unterschiedlich sind. So bedeutet *shalom* primär «Friede»,
es kann aber auch «Wohlbefinden» heißen; die Wendung *ma
shelom-kha* bedeutet «Was (ist) dein Wohbefinden?», also «Wie
geht es dir?» Nachdem der sephardische Übersetzer sich einmal
entschieden hat, *shalom* als *paz*, «Friede», zu übersetzen, muss
er es auch in der genannten Redewendung so wiedergeben und
übersetzt: «Was dein Frieden?» Ohne Kenntnis des Hebräischen
ist das im Spanischen genauso unverständlich, wie es im Deutschen wäre.

Diese besondere Sprachform, die dem Hebräischen syntak-
tisch und semantisch genau nachgebildete Sprache der Bibelübersetzungen, nennt man *Ladino*. Es ist also keine eigene Sprache, vielmehr eine Verwendungsmodalität des Spanischen mit
einer fest umrissenen Funktion. Das Ladino dient dazu, den
Gottesdienstbesucher in einer Form an das hebräische Original
heranzuführen, die eigentlich kein richtiges Spanisch, sondern
eher ein oberflächlich hispanisiertes Hebräisch ist. Das Ladino
ist eine reine Schriftsprache (abgesehen davon, dass es nicht nur
still gelesen, sondern auch rezitiert wurde), nie mündliche Um-

gangssprache. Durch seine Präsenz in der gottesdienstlichen Le-
sung und Liturgie war es den Sepharden jedoch von Kindesbei-
nen an vertraut. Es hatte eine sakrale Aura, fast wie der hebräische Urtext selbst. So haben Wendungen und Begriffe aus der
religiösen Sondersprachform Ladino auch ihren Weg in die judenspanische Umgangssprache gefunden, ohne dass es je zu einer echten Vermischung der beiden Systeme gekommen wäre.

Bezüglich des Begriffes *Ladino* gibt es eine gewisse Konfusi-
on. Vor allem in der angelsächsischen Welt bezeichnet man die
Gesamtheit der umgangssprachlichen Dialekte der Sepharden
oft als «ladino». Diese Verwendung des Begriffes führt jedoch
in die Irre, denn das Ladino ist eine präzise definierte Schriftform, eine übersetzungsgeprägte Varietät, kein judenspanischer
Dialekt.

Die Ladino-Bibel von Ferrara ist über Generationen immer
wieder an verschiedenen Orten nachgedruckt worden; die letzten Auflagen reichen bis an die Schwelle des 20. Jahrhunderts.
So hat sie Sprache und Denken der sephardischen Juden tief geprägt. Was bisher noch nicht untersucht wurde, ist die Einbettung dieses Textes in den historischen Kontext des Schrifttums
um die Mitte des 16. Jahrhunderts. Wie oben dargestellt, war
der Herausgeber verwandt mit dem spanischen Übersetzer von
Petrarca und dem Autor des portugiesischen Hirtendialogs
«Tröstung für die Leiden Israels»; wir sind mitten in der Renaissance und ihren Nachwirkungen – und auch mitten im Zeitalter
der Spaltung des Christentums. In der Reformation wurde die
Bibel in die Volkssprachen übersetzt, um sie dem Volk überall
nahezubringen; diese Bibelversionen wurden prägend für die
Herausbildung der Nationalsprachen, nicht nur im Deutschland
Luthers und im England der King-James-Bibel, sondern beispielsweise auch im französischen Baskenland oder in Finnland.
In der Gegenreformation hingegen wurden Bibelübersetzungen
in die Volkssprachen verboten. Die Herausgeber der Bibel von
Ferrara nahmen ausdrücklich für sich in Anspruch, eine spanische Nationalbibel zu schaffen, nach dem Vorbild der Übersetzungen anderer Nationen. Aus den Worten von Abraham Usque
spricht Nationalstolz: «Aus Liebe zum Vaterland ließ ich die

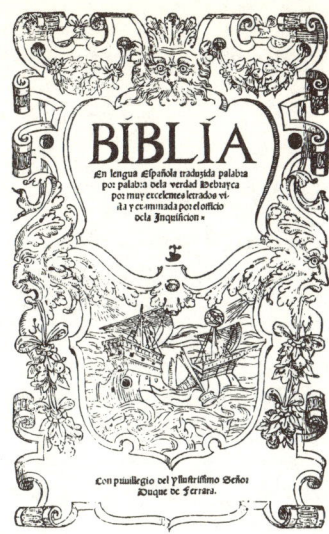

BIBLIA

En lengua Española traduzida palabra
por palabra dela verdad Hebrayca
por muy excelentes letrados vi-
da y examinada por el officio
dela Inquisicion.

Con priuilegio del yllustrissimo Señor
Duque de Ferrara.

Titelblatt der Ladino-Bibel mit dem
Emblem einer Karavelle mit gebrochenem Mast, Ferrara 1553

Bibel in unser Spanisch übersetzen, die reichste und angesehens-
te aller Sprachen.» Dies schrieb ein portugiesischer Marrane,
der auf der Flucht vor der spanischen Inquisition Zuflucht an
einem italienischen Fürstenhof gefunden hatte! Auf dem Titel-
bild prangt ein rätselhaftes Emblem: eine spanische Karavelle,
gebaut wie die Schiffe des Columbus, aber mit gebrochenem
Mast. Bisher hat noch niemand dieses Symbol gedeutet. Vielleicht soll es das gebrochene Verhältnis der vertriebenen Sepharden zu ihrem Vaterland bildhaft zum Ausdruck bringen.

Abraham Usque und sein Mitarbeiter Yom Tob Atias waren
sich der Neuheit ihres Vorhabens bewusst: Die Bibel sollte
«Wort für Wort übersetzt werden, ein rares und bislang noch
nie da gewesenes Vorhaben»; so würde der «hebräischen Wahrheit» Gerechtigkeit getan, welche «die Quelle und der wahre
Ursprung» der Religion sei. Das müsste, so die Autoren, auch
die Inquisition überzeugen. Und tatsächlich wurde das Werk in
Ferrara mit Genehmigung der Inquisition gedruckt – allerdings
der römischen, nicht der spanischen!

Die Ladino-Bibel von Ferrara ist ein herausragendes Monument der sephardischen Literatur im Exil, von größter Bedeutung für die Sepharden selbst und von hohem Interesse für die Sprach- und Religionswissenschaft sowie für die Kulturgeschichte der Renaissance.

Saloniki, das «Jerusalem des Balkans»

Im Verlauf des 15. Jahrhunderts stieg das Osmanische Reich zu einer Weltmacht auf. Von der historischen Keimzelle in Bursa eroberten die osmanischen Herrscher nach und nach große Teile des byzantinischen Reiches. Von besonderer Bedeutung war, neben der Hauptstadt Konstantinopel selbst, die Handelsmetropole Saloniki, die eine Art Neben-Kapitale gewesen war. Mit ihrem natürlichen Hafen liegt die Stadt an einer handelsstrategisch bedeutsamen Stelle, wo die Mündung des von Norden kommenden Flusses Axios (Vardar), der Verbindung mit dem Hinterland der Balkanregion, mit der west-östlich verlaufenden Via Aegnatia, dem antiken Verbindungsweg zwischen Rom und Konstantinopel, aufeinandertrifft.

Saloniki fiel im Jahre 1430 nach zweimonatiger Belagerung in die Hände der Osmanen. Sie zerstörten die Stadt weitgehend, der Handel kam fast zum Erliegen. 1453 wurde dann die Hauptstadt Konstantinopel erobert, als letzte Bastion des einstmals so mächtigen Byzantinischen Imperiums. Die großen Kirchen, allen voran die Hagia Sophia, wurden zu Moscheen, die einstmals herrschenden Christen zu schutzbefohlenen *Dhimmîs* in einem islamischen Staat. Einige der 1492 vertriebenen Sepharden erinnerten sich an die Toleranz, ja Förderung, die ihre Vorfahren im Mittelalter in Spanien von Seiten der Muslime erfahren hatten, und wandten sich nach Osten ins Osmanische Reich. Das vernachlässigte, immer noch teilweise in Ruinen liegende Saloniki wurde zum bevorzugten Zufluchtsort, erkannten die Sepharden doch rasch die herausragende Bedeutung dieser Stadt. Dass alles neu aufzubauen war, erschien ihnen nicht als Hinderungsgrund, im Gegenteil, so hatten sie die Gelegenheit zum Neuanfang an einem begünstigten Ort. Von den Osmanen wurden sie mit offenen Armen aufgenommen. Sultan Bayezid II. (reg.

1481–1512) war hocherfreut darüber, dass Spanien ihm eine solche geistige und wirtschaftliche Elite gleichsam zum Geschenk machte. In der Stadt lebten bereits kleine Gruppen von autochthonen griechischen Juden, sogenannte Romanioten, und von Aschkenasen, die 1470 vor Verfolgungen aus Bayern geflohen waren. Diese Gruppen bildeten ihre eigenen Gemeinden, assimilierten sich aber im Laufe der Zeit an das herrschende Sephardentum mit seiner überlegenen Kultur. Die sephardischen Gemeinden wurden von den Flüchtlingen der Vertreibung von 1492 gegründet. Später kamen in mehreren Wellen Juden und Marranen aus Spanien, Portugal und Italien hinzu. Als 1555 zahlreiche Juden vor der Verfolgung im päpstlichen Ancona flüchteten, beschloss Saloniki als Vergeltung einen Handelsboykott gegen die italienische Stadt, der allerdings nicht lange hielt. Ansonsten blühte der Handel, die Stadt erholte sich rasch vom Verfall und wurde wieder zu einer Drehscheibe des internationalen Warenverkehrs. Die Sepharden bewohnten im Stadtzentrum eigene Wohnviertel, sie hatten mit den herrschenden Türken und der griechischen Unterschicht nur administrative und geschäftliche Beziehungen; zu einer Mischung der verschiedenen Bevölkerungsgruppen ist es nie gekommen.

Auf diese Weise entwickelte sich Saloniki zum «Jerusalem des Balkans» oder zur «Mutter Israels». Die sephardischen Juden bildeten eine Art Staat im Staate. Sie hatten ihre eigene Gerichtsbarkeit; die rabbinischen Tribunale agierten unabhängig von der osmanischen Obrigkeit. Ihre Stadtviertel waren selbstverwaltet. Demokratisch gewählte Delegierte der einzelnen Gemeinden *(parnasim)* versammelten sich regelmäßig, berieten über alle internen Angelegenheiten und legten fest, wer wie viel Steuern an die türkische Obrigkeit zu zahlen hatte. Es entstanden soziale Einrichtungen zur Hilfe für die Armen, Alten und Kranken. Die Synagogen benannte man nach dem Herkunftsort ihrer Erbauer: Toledo, Mallorca, Lissabon, Sizilien, und viele andere. Am Samstag ruhte die Arbeit: Niemand hätte am Sabbat ein Geschäft geöffnet, dieses Tabu galt auch für Christen und Muslime; kein Schiff konnte samstags entladen werden. Auch das geistige Leben blühte auf; Druckereien entstanden, die im 16. Jahrhundert allerdings ausschließlich religiöse Literatur auf Hebräisch publizierten.

Von 1500 bis zu Beginn des 20. Jahrhunderts war Saloniki eine mehrheitlich jüdische und spanischsprachige Stadt. Noch die offizielle osmanische Volkszählung von 1882 verzeichnete 56% jüdische Bewohner. Erst zwischen 1900 und 1920 sank der Prozentsatz auf unter die Hälfte, vor allem infolge der Übernahme der Stadt durch die Griechen im Jahre 1912. Schließlich führte die Repatriierung der kleinasiatischen Griechen während und nach den Balkankriegen seit 1924 zu einer massiven Hellenisierung der Stadt, die Sepharden wurden zu einer Minderheit (s. u. S. 109 f.). Im 16. und 17. Jahrhundert jedoch war die spanische Sprache für die Osmanen geradezu ein Kennzeichen des Judentums: wer spanisch sprach, musste Jude sein, und osmanische Reisende berichteten erstaunt, dass es anderswo auch Christen gebe, welche diese «jüdische Sprache» benutzten!

Trotz aller internen und externen Krisen überdauerte die Gemeinschaft von Saloniki festgefügt mehrere Jahrhunderte. Zu den externen Krisen gehörten die verheerenden Brände der Jahre 1545 und 1620. Intern führte vor allem das Auftreten des falschen Messias Shabbetay Tsevi (auch Sabbatai Zvi oder ähnlich, 1626–1676) zu heftigen Turbulenzen. Dieser romaniotische Jude, geboren in Smyrna, dem heutigen Izmir, versetzte die ganze jüdische Diaspora mit seinem messianischen Mystizismus in Aufruhr. Er reiste von Stadt zu Stadt, um die Menschen von der unmittelbar bevorstehenden Ankunft des Messias zu überzeugen. 1648 hatte er eine Berufungsvision und verkündete, er sei selbst der erwartete Messias. Auf Grund einer *gematria* (s. o. S. 42) sagte er für daselbe Jahr den Weltuntergang voraus. In dem vom Dreißigjährigen Krieg verwüsteten Europa und in der ewig verfolgten Judenschaft, wo sich manche die Köpfe mit kabbalistischen Hirngespinsten hatten zunebeln lassen, fiel diese Boschaft auf fruchtbaren Boden. Es gab aber überall auch Kreise, welche die Vernunft zu wahren suchten; so verstießen die Rabbiner von Izmir Shabbetay Tsevi aus der Gemeinde und bedrohten ihn mit dem Tod. 1656 floh er nach Saloniki, wo er eine große Schar von Jüngern um sich scharte. Begeistert lauschte man seinen Weissagungen. 1657 zelebrierte er öffentlich in der Synagoge eine mystisch-erotische «heilige Hochzeit» mit der Tora-Rolle und verkündete mit feierlicher Emphase zu den Klängen der Endzeit-Posaune, des *Shofar*, den heiligen Gottesnamen, das Tetragramm YHWH, in seiner originalen Lautgestalt. Mit diesem größten denkbaren Tabubruch versuchte er, seinem Anspruch, der verheißene Messias zu sein, Nachdruck zu verleihen und die entsprechende Aufmerksamkeit zu gewinnen. Doch dies war selbst seinen Anhängern zuviel, die Menschen wandten sich von ihm ab. Der rabbinische Rat von Saloniki verhängte den großen Bann über ihn und verstieß ihn unter Androhung der Todesstrafe aus der Stadt. So führte er sein unstetes Wanderleben fort und verkündete überall den nahenden Weltuntergang, der nun auf das Jahr 1666 fallen sollte. Überall in Europa versetzte er die jüdischen Gemeinden in Aufruhr, selbst im relativ aufgeklärten Amsterdam.

Die Juden sahen die Erlösung aus ihrer jahrhundertelangen Verfolgung nahen; die Wiederaufrichtung *(tiqqun)* des Gottesreiches hing vom Leiden des Gottesvolkes ab, seine qualvolle Geschichte erhielt einen Sinn von seinem unmittelbar bevorstehenden Ende her. Shabbety Tsevis Messianismus traf einen zentralen Nerv; selbst in christlichen Kreisen fanden seine Bußpredigten Widerhall. Nach seiner Flucht aus Saloniki lebte er eine Weile in Kairo, dann in Jerusalem, wo er dem jungen Talmud-Studenten Nathan von Gaza (1643–1680) begegnete; dieser sollte später der wichtigste Propagandist seiner Ideen werden. Ohne ihn hätte der Sabbatianismus nicht die Wirkung gehabt, die er überall im europäischen Judentum entfaltet hat. Schließlich kehrte Shabbetay Tsevi nach Konstantinopel zurück. Dort ließ ihn der osmanische Sultan festsetzen, doch auch noch aus dem Gefängnis agitierte er weiter; die Festung, wo er eingekerkert war, hieß bald *migdal 'oz*, «Turm der Stärke», und wurde zu einem Wallfahrtsort. Am Ende bedrohte ihn der Sultan mit der Folter und stellte ihn vor die Alternative: Übertritt zum Islam oder Tod. Und Shabbetay Tsevi, der falsche Messias, trat tatsächlich mit seinen Getreuen zum Islam über und erhielt

vom Sultan ein Ehrenamt. So kam es 1666 statt zum Weltuntergang zum Untergang dieser messianischen Bewegung. Die Ent-
täuschung war riesengroß; dieser Triumph des Islam verunsi-
cherte und verstörte die Judenheit zutiefst. Die Massen seiner
Anhänger wandten sich ab, nur wenige Unentwegte hielten
noch zu ihm. Shabbetay Tsevi war selbst hin und her gerissen.
Nach außen verkündete er den Islam, heimlich praktizierte er
aber sein Judentum weiter. Eines Tages wurde er beim Singen
von Psalmen überrascht und daraufhin in die albanische Kleinstadt Dulcigno verbannt, wo er 1676 völlig vereinsamt starb.
Die Persönlichkeit dieses falschen Messias gibt bis heute Rätsel
auf. Phasen von höchster charismatischer Strahlkraft wechselten ab mit Perioden von Unsicherheit, ja Depressivität, was
Gershom Scholem vermuten ließ, er sei manisch-depressiv gewesen.

Die geistliche Verwirrung, die Shabbetay Tsevi angerichtet
hatte, wirkte lange nach. Die blutigen Verfolgungen, denen die
Juden in Polen und der Ukraine ausgesetzt waren, taten ein Üb-
riges; zahlreiche Flüchtlinge aus Osteuropa suchten Zuflucht im
Osmanischen Reich. In der tiefen Krise der jüdischen Gemeinden folgte 1693 eine Gruppe von dreihundert Familien dem Beispiel von Shabbetay und bekehrte sich zum Islam. Von den Osmanen wurden diese Konvertiten *Dönme* genannt, was man im
Deutschen als «Wendehälse» wiedergeben kann (von türkisch
dönmek, «drehen, wenden», vgl. das mittlerweile auch in
Deutschland fest etablierte Gericht *Döner*) – das Wort bildet ein
exaktes Pendant zum spanischen *converso*, das ja auch wörtlich
«umgewendet» bedeutet. Die Bekehrung zum Islam war für die
Dönme vergleichbar mit der Taufe der iberischen Juden ein bis
zwei Jahrhunderte zuvor. Nominell gehörten sie zum Islam, in
Wahrheit befolgten sie nach wie vor jüdische Riten und Gesetze.
Die Dönme bildeten eine Art Sekte in einer Grauzone zwischen
Islam und Judentum. Sie gehörten keiner der beiden Glaubensgemeinschaften wirklich an, bewohnten spezielle Stadtviertel
und heirateten nur untereinander. Ihre Liturgie zelebrierten sie
anfangs noch auf Hebräisch und Aramäisch, später auf Ladino
und am Ende auf Türkisch. Saloniki war das wichtigste Zen-

trum, doch gab es seit dem 18. Jahrhundert Dönme-Gemeinden auch in Edirne, Istanbul und Izmir.

Die Dönme sahen in der Konversion von Shabbetay Tsevi keinen Verrat, sondern einen messianischen Akt. Sie versuchten, seinen Abfall vom jüdischen Glauben, also das Verwerflichste überhaupt, zu einem Fanal der messianischen Hoffnung umzudeuten und so die tiefste Erniedrigung in einen Triumph zu verwandeln. Diese Umdeutung hatte, wie Gershom Scholem gezeigt hat, seine psychischen Grundlagen letztlich im Marranentum, wo über viele Generationen hinweg eine tiefe Kluft zwischen äußerer Religion und gelebtem Glauben bestand. Der zur Heilsfigur verklärte Shabbetay Tsevi rechtfertigte durch seine Apostasie die Konversion ungezählter Marranen und erleichterte ihnen dadurch das Gewissen. Nach dem mystisch-apokalyptischen Glauben der Dönme hat Shabbetay Tsevi als Erlöser die Welt durch seinen Konversionsakt (der sogar mit Christi Kreuzestod verglichen wurde) in einen neuen Zustand versetzt, in dem die ursprüngliche materielle Tora, die «Tora der Schöpfung» *(torat beri'a)*, nicht mehr wörtlich gilt, sondern als «Tora der Emanation» *(torat atsilut)* ihre verborgenen Sinnschichten offenbart. Trotz ihrer Islamisierung – oder gerade wegen ihr – betrachteten sich die Dönme als «Gläubige» (hebräisch *ma'amanim*, was genau dem arabisch-islamischen *mu'minûn* nachgebildet ist). Sie pflegten ihre eigenen Riten; so deuteten sie den 9. des Monats Av, den alljährlichen Trauertag zum Gedenken an die Zerstörung des Tempels von Jerusalem, zum Freudentag um, weil dies der Geburtstag von Shabbetay Tsevi und damit Symbol der Entstehung einer neuen Welt war.

Die Dönme-Sekte zerfiel rasch in eine Reihe von Untergruppen, die theologisch zerstritten waren. Ähnlich wie bei der messianischen Schia im Islam differenzierten sich verschiedene Glaubensrichtungen bezüglich der Ankunft des Messias. Dem entsprachen jedoch auch handfeste soziale Differenzierungen: die Izmirliten gehörten der Oberschicht an, die Jakobiten waren Handwerker (so sollen sämtliche Barbiere von Saloniki aus dieser Dönme-Gruppe gekommen sein). 1716 erklärte sich Baruchia Russo zur «göttlichen Inkarnation»; seine Anhänger, die

aus der Unterschicht stammten, nannten sich fortan *Konosyos*.
Diese drei Fraktionen bestanden in der Dönme-Gemeinschaft
von Saloniki bis ins 20. Jahrhundert. Ihre Gesamtzahl betrug zu
Beginn des Ersten Weltkriegs etwa 15 000. Seit Mitte des
19. Jahrhunderts nahmen die Dönme immer stärker Anteil am
türkischen Leben und engagierten sich besonders bei der jung-
türkischen Bewegung, die das osmanische Kalifat zu Fall brachte. Mit ihrer westlich-modernen Orientierung hatten sie an der
Neugestaltung des postkalifalen Staatswesens einen Anteil, der
in keiner Relation zu ihrem Anteil an der Bevölkerung stand. So
war zum Beispiel der erste Finanzminister der neuen türkischen
Republik ein Dönme. Hartnäckig hält sich das Gerücht, dass
der Staatsgründer Mustafa Kemal, genannt Atatürk (1881–
1938), der in Saloniki geboren ist, Dönme-Vorfahren habe; Beweise dafür gibt es wohl nicht, aber es ist ein Indiz dafür, dass
traditionalistisch-islamisch eingestellte Osmanen die westliche
Ausrichtung der modernen Türkei als das Werk kryptojüdischer
Gruppierungen ansahen. Im Zuge der Hellenisierung von 1924
wurden die Dönme in die Türkei ausgewiesen, da sie, obgleich
dem Sephardentum von Saloniki zugehörig, als Türken klassifi-
ziert wurden. So verloren sie den Kontakt zu der jüdischen Gemeinde ihrer Heimatstadt, der ihnen trotz ihrer Konversion zum
Islam immer wieder Rückhalt gegeben hatte. In den großen
Städten des Landes – Istanbul, Izmir, Ankara, Konya – ging dieser ferne Abkömmling des Sephardentums in der türkischen
Nation auf, ohne Spuren zu hinterlassen.

Judenspanische Literatur im Osmanischen Reich

Das 17. Jahrhundert war eine Periode geistiger Stagnation.
Ängste und enttäuschte messianische Hoffnungen lähmten die
Menschen. Die Bewegung des Shabbetay Tsevi zog wie ein
Sturm über die sephardische Welt hinweg und band alle Kräfte.
Erst zu Beginn des 18. Jahrhunderts kam es wieder zu einem
geistigen Aufschwung, wobei die Entwicklung im Norden und
im Südosten allerdings ganz unterschiedlich verlief. Während in
Amsterdam die literarische Produktion in spanischer und por-

tugiesischer Sprache zu dieser Zeit völlig verschwand, entfaltete sie sich im Orient zu ihrer klassischen Blüte.

Das Hauptwerk der sephardischen Literatur ist der große Bibelkommentar mit dem Titel *Me'am lo'ez*, ein vielbändiges, nicht abgeschlossenes Sammelwerk, dessen Abfassung sich über fast einhundertsiebzig Jahre hinzog. Es enthält eine Summe des sephardischen Lebens im Orient, seiner Volkskultur und seiner Traditionen – wie im Judentum so oft, in Form einer Kommentierung der Bibel. Der Titel ist ein Zitat aus dem 114. Psalm, wo es heißt: «Da Israel aus Ägypten auszog, das Haus Jakob aus dem fremden Volk, da ward Juda sein Heiligtum, Israel seine Herrschaft.» «Aus fremdem Volk» heißt auf Hebräisch *me-'am lo'ez*. Die Wurzel *la'az* bedeutet «eine fremde Sprache sprechen»; gemeint ist im biblischen Psalm das Ägyptische, das hier auf das Judenspanische übertragen wird. In jener Zeit waren die Kenntnisse des Hebräischen stark zurückgegangen. Nicht nur das einfache Volk, auch die führenden Schichten verlangten nach Lektüre, die sie verstehen konnten. Der Autor Jakob Kulli (s. u. S. 101) schildert anschaulich die herrschende Ignoranz: «Wenn der Geschäftsmann abends aus seinem Laden nach Hause kommt, sucht er etwas zum Lesen; dann nimmt er den Midrash oder den ‹Gedeckten Tisch› von Joseph Caro zur Hand, aber die Sprache ist viel zu schwer und tief, und da er nichts versteht, schläft er ein.» Es scheint, dass die Ausgaben des *Me'am lo'ez* keineswegs als langweilig und unverständlich empfunden wurden; es gab wohl keinen Haushalt, in dem nicht wenigstens Auszüge aus dem *Me'am lo'ez* vorhanden waren. Geschäftsleute und Handwerker nahmen Abendkurse und ließen sich anhand des judenspanischen Kommentar-Werkes durch die Welt der Hebräischen Bibel leiten. Noch 1933 berichtet ein Reisender, wie abends die Rabbiner in verschiedenen Synagogen aus dem *Me'am lo'ez* vorlasen und die Gläubigen wie gebannt an ihren Lippen hingen.

Die Sprache des *Me'am lo'ez* ist nicht das Ladino, vielmehr basiert sie auf der lebendigen gesprochenen Umgangssprache, dem sogenannten *ǧudezmo*. Das heißt eigentlich «Judaismus», wurde aber zur Bezeichnung der sephardischen Dialekte des

Orients verwendet, also der Sprachform, die sich auf mittelal-
terlicher Basis in Saloniki und Istanbul herausgebildet und von
dort auch über den Balkan ausgebreitet hatte. Während die zu
kommentierenden Bibelzitate im Wortlaut der Ladino-Überset-
zung mit ihrer extremen Wörtlichkeit erscheinen, bieten die
Kommentare selbst frei formulierte Prosa in der Umgangssprache der Zeit, die bis dahin noch nie schriftlich verwendet worden war. Die Unterschiede zum Standard-Spanischen waren in
den zweieinhalb Jahrhunderten seit der Vertreibung stark ange-
wachsen, denn das *ǧudezmo* hatte einerseits die Veränderungen
der Sprache Spaniens nicht mitgemacht, und andererseits eigene
Besonderheiten neu entwickelt. Als jüdische Variante des Spanischen war die Sprache zudem mit hebräischen Elementen durchsetzt; nicht nur Substantive und Adjektive, sondern auch Kon-
junktionen und Präpositionen in großer Zahl entstammen der
«heiligen Sprache». Die Anzahl der Hebraismen ist in der Sprache des *Me'am lo'ez* weitaus höher als im Ladino: In die Umgangssprache waren hebräische Wörter eingedrungen, aus der
Bibelübersetzung suchte man sie fernzuhalten. Die Sprache des
Me'am lo'ez repräsentiert das *ǧudezmo* als judaisierte und he-
braisierte Varietät des Spanischen, so wie in anderem Kontext
das Morisco, die Sprache der nach 1492 zwangsgetauften Muslime in Spanien, eine islamisierte und arabisierte Varietät dar-
stellt. Ich habe dafür den Begriff «heterodoxe Varietät des Spanischen» geprägt; damit sind Kulturdialekte mit eigener Schrift
(arabisch im Fall des Morisco, hebräisch im Fall des *ǧudezmo*)
gemeint, die einem anderen kulturell-religiösen Kontext ange-
hören als die orthodox-katholische Variante der Standard-Spra-
che. Während die Sprache der Moriscos mit deren Vertreibung
in den Jahren von 1609 bis 1614 unterging, hat sich das *ǧudezmo*
bis heute gehalten – allerdings in einer enthebraisierten und
stattdessen französierten Gestalt (näheres dazu s. u. S. 106 f.).
   Das *Me'am lo'ez* enthält moralisierende Betrachtungen, aus-
gedehnte Paraphrasen und erzählende Passagen aller Art. Beispielsweise wird die Geschichte von der Opferung Isaaks zu einer dramatischen Novelle ausgestaltet, in der nicht einfach nur
der äußere Fortgang der Handlung erzählt wird, sondern auch

die inneren Konflikte des Isaak beschrieben werden, wie er von anfänglicher Rebellion schließlich zur Ergebung in sein Schicksal gelangt. Das Werk wurde begründet von Jakob Kulli (auch Culi, Khulli oder ähnlich, 1690–1732), der einer sephardischen Familie in Palästina entstammte. Den Mäzen und den Drucker für sein Werk fand er in Istanbul, wo im Jahre 1730 der Kommentar zum Buch Genesis erschien. Diese erste Version wurde in der für die damalige Zeit unerhörten Menge von 1000 Exemplaren gedruckt und erlebte zahlreiche Nachdrucke. Er vollendete noch den ersten Teil von Exodus, der posthum publiziert wurde (1733). Nach seinem Tod setzte Isaak Magriso sein Werk fort; seine Kommentare zum 2. Teil von Exodus, zu Leviticus und Numeri erschienen 1746, 1753 und 1764. Schließlich publizierte Isaak Argüeti von 1773 bis 1777 seinen Teil zu Deuteronomium. Gesamtausgaben des Tora-Kommentars erschienen von 1794 bis 1803 in Saloniki, von 1822 bis 1823 in Livorno und von 1864 bis 1868 in Izmir. Um die Mitte des 19. Jahrhunderts schritt die Arbeit an dem kollektiven Riesenwerk wieder voran. Menaḥem Mitrani aus Edirne veröffentlichte von 1851 bis 1870 in Saloniki und Izmir die entsprechenden Teile zu Josua, Raphael Pontremoli 1864 in Izmir zum Buch Esther. In den letzten Jahrzehnten des 19. Jahrhunderts trat dann eine neue Generation von Autoren hervor, die nicht mehr der traditionellen rabbinischen Gelehrsamkeit verbunden waren, sondern durch ihren Besuch auf den französischsprachigen Gymnasien der Alliance Israélite Universelle (s. u. S. 103 f.) modernen Geistesströmungen gegenüber aufgeschlossen waren. Die Kommentare von Raphael Benveniste zum Buch Rut (Saloniki 1882), von Isaak Abá zu Jesaja (Saloniki 1892), von Abraham Bernadut zu Hiob (Saloniki 1889), von Salomo ha-Kohen und Nisim ʿAbud zum Prediger Salomo (Jerusalem 1893, Istanbul 1898) und schließlich von Ḥayyim Shaki zum Hohenlied (Istanbul 1899) enthielten nicht nur biblische Geschichten, sondern auch Elemente aus der jüngeren Leidensgeschichte des Volkes Israel, wie die Vertreibung aus Spanien. Isaak Abá schildert anschaulich die Situation der Zeit und seine Mühen: «Weil heutzutage alle gewohnt sind, Übersetzungen aus dem Französischen und Englischen ins Spanische zu lesen, aber von unserer heiligen Religion keine Ahnung haben, deshalb habe ich es auf mich genommen, die Anstrengung dieses Werks zu ertragen und beim Schreiben die Nacht zum Tage zu machen, wofür ich dann den ganzen Tag sehr müde bin!»

Dieses gewaltige Werk mit seinen elf Autoren in einhundertsiebzig Jahren blieb unvollendet. Eine Gesamtausgabe der ausformulierten Teile hat es nie gegeben. In lateinischer Transkription sind bislang nur die ältesten Teile von Jakob Kulli zugänglich, und wissenschaftlich erforscht wurde diese Fundgrube sephardischer Traditionen bislang nur wenig. Hier liegt noch eine lohnende Aufgabe für die künftige Forschung.

Neben dem Bibelkommentar und weiterer religiöser Literatur blühte die traditionelle Gattung der *Coplas* – erzählende Gedichte in fester Strophenform (im Unterschied zu den *Romances*, die nicht strophisch gegliedert sind). Seit Beginn des 18. Jahrhunderts wurden zahlreiche Sammlungen veröffentlicht; es handelte sich um Werke, die – obgleich von individuellen Autoren stammend – als volkstümlicher Allgemeinbesitz anonymisiert wurden. In den Geschichten, die darin erzählt werden, dominieren die großen Gestalten der jüdischen Geschichte, wobei der Bogen von Adam und Eva über die Urväter, die Josephsgeschichte, Moses und Samuel bis zu Esther und den Makkabäern reicht. Daneben wurden aber auch zeitgenössische Ereignisse besungen, wie die napoleonischen Kriege oder das große Feuer von Saloniki im Jahre 1917. Die Form der *copla* wurde zum Gefäß für die poetische Reflexion über die Geschehnisse, die für die Sepharden von Bedeutung waren; in seiner Gesamtheit bildete der *coplario* eine Art nationales Gedächtnis. In diesen beiden Gattungen, dem Bibelkommentar des *Me'am lo'ez* und der balladenhafte *copla*, konnte sich die authentische judenspanische Sprache in Prosa und Poesie frei entfalten, losgelöst von den Zwängen der wörtlichen Wiedergabe des Hebräischen, wie sie im Ladino herrschten.

Erziehung, Sprache und Öffentlichkeit

Die geistige Situation der Sepharden änderte sich grundlegend in der zweiten Hälfte des 19. Jahrhunderts. Die Gemeinden des Osmanischen Reiches traten aus ihrer Isolation heraus und öffneten sich den Einflüssen aus Westeuropa. Das Sephardentum wurde wieder so kosmopolitisch, wie es in seinen Anfangszeiten gewesen war. Im Gefolge dieser Umwälzungen wurde auch die judenspanische Sprache profund umgestaltet.

Entscheidenden Anteil an diesem Prozess der Erneuerung und Modernisierung hatte die Alliance Israélite Universelle, von der hier zunächst etwas genauer die Rede sein soll. Die aufgeklärten und emanzipierten Juden in Frankreich und England empfanden die fortwährende Unterdrückung des Judentums in der Welt als einen Skandal, den sie nicht mehr hinzunehmen gewillt waren. Nach einer Ritualmord-Kampagne 1840 und einer vom Papst geduldeten, vielleicht sogar geförderten Zwangstaufe 1858 beschloss eine Gruppe von sechs führenden Vertretern des französischen Judentums die Gründung einer «universellen israelitischen Allianz», um in solchen Fällen den Glaubensgenossen in Zukunft solidarisch beistehen zu können. Die Devise lautete: «Ganz Israel bürgt füreinander.» 1860 erließen sie einen Aufruf zur Unterstützung dieser Vereinigung, deren erklärtes Ziel es war, «überall für die Gleichstellung und den moralischen Fortschritt der Juden zu arbeiten und denjenigen, die in ihrer Eigenschaft als Juden leiden, eine wirksame Stütze zu sein». Die AIU wird von einem gewählten Zentralkomitee von 60 Mitgliedern geleitet; ihr Sitz ist bis heute im 9. Arrondissement von Paris. Von Anfang an engagierten sich auch Christen in dieser Organisation zur Bekämpfung des weltweiten Antijudaismus; ein prominenter Mitstreiter war Alexandre Dumas. Die Ideale der Alliance entstammten der europäischen Aufklärung und der Französischen Revolution. Der Kampf für die Rechte der Juden wurde von Anfang an als Teil des Kampfes für die universalen Menschenrechte gesehen. Für die Alliance ging hiermit auch ein Engagement für die französische Sprache und Kultur einher. Modernisierung und Verbreitung der Menschenrechte war an die Sprache gebunden, in der diese Rechte formuliert worden waren: das Französische. Der Geist von Aufklärung und Emanzipation ging mit einer Politik des «rayonnement culturel de la France» eine unauflösliche Verbindung ein. Ähnlich wie die Organisation der Francophonie setzt sich die Alliance Israélite Universelle bis heute sowohl für die universalen Menschenrechte als auch für die Verbreitung des Französischen in der Welt ein.

Die wichtigste Aktivität der Alliance bestand in der Gründung und dem Unterhalt von Schulen. Von Anfang an war klar, dass nur durch eine exzellente und moderne Ausbildung das Lebensniveau der Juden im Ghetto gehoben werden konnte. Emanzipation und Widerstand gegen Unterdrückung setzte voraus, dass man sich entsprechend artikulieren konnte. So entstand ein weltweites Netz von Schulen, in denen das Französische Unterrichtssprache war und in denen die Ideale der europäischen Aufklärung zusammen mit den Grundsätzen der jüdischen Ethik propagiert wurden. Die Schwerpunkte dieser Tätigkeit lagen in Ost- und Südosteuropa, im Vorderen Orient und in Nordafrika. Die erste Schule entstand 1862 im marokkanischen Tetuan, wo die sephardischen Juden eine zahlenmäßig bedeutende Gruppe bildeten, aber unter Armut und sozialer Missachtung zu leiden hatten. Es folgten 1864 Einrichtungen in Tanger, Damaskus und Bagdad, 1867 in Edirne und 1873 in Saloniki. In den folgenden Jahrzehnten kamen zahlreiche weitere Schulen in verschiedenen Ländern, darunter Rumänien und Persien, hinzu. Die palästinensischen Siedlungen, in denen auch landwirtschaftliche Kenntnisse vermittelt wurden, bildeten die Keimzellen der späteren Kibbuzim. Überall in den betreffenden Ländern wurden die Schulen der Allianz zu einem wirkungsmächtigen Ferment der Modernisierung und der Verbreitung demokratischer Ideen.

In den Städten mit sephardischer Bevölkerung wuchsen an diesen Schulen zweisprachige Eliten heran, die das Französische als Bildungssprache perfekt beherrschten. Dies hatte einen enormen Einfluss auf die Entwicklung des Judenspanischen, insbesondere der Pressesprache. Die judenspanische Presse war in der

Entwicklung und Modernisierung von Sprache und Kultur ein entscheidender Faktor. Sie hatte im Osmanischen Reich schon vor Gründung der Schulen der Allianz bestanden. Die älteste Zeitschrift wurde unter dem Titel *La Buena Esperanza*, «die gute Hoffnung», 1842 in Izmir begründet; 1853 folgte in Istanbul *La Luz de Israel*, «das Licht Israels». Seit 1869 gab es auch periodische Publikationen in Saloniki, allerdings kurzlebiger Art und noch ohne große Relevanz. Erst die 1897 von Isaak Florentin ins Leben gerufene Zeitschrift *El Avenir* entfaltete Breitenwirkung; sie wurde zum Forum für Diskussionen über die sephardische Identität, die Zukunft des Judenspanischen und die damals hochaktuellen Ideen der zionistischen Bewegung. Die Epoche zwischen der Revolution der Jungtürken (1908) und dem Zweiten Weltkrieg war die eigentliche Blütezeit der judenspanischen Presse. Saloniki war das wichtigste Zentrum, hier erschienen Publikationsorgane aller politischen Richtungen; auch an satirischen Publikationen fehlte es nicht. Man hat für diese Stadt einhundertfünf Zeitungen und Zeitschriften gezählt, für Istanbul fünfundvierzig, für Sofia dreißig und für Izmir dreiundzwanzig. Die Mehrzahl war in judenspanischer Sprache abgefasst, geschrieben in einer Variante des hebräischen Alphabets, der sogenannten Rashi-Kursive (nach dem berühmten mittelalterlichen Bibelkommentator Rabbi Shelomo Isaak aus Troyes, der diese Schriftform populär machte); nicht wenige Zeitungen und Zeitschriften erschienen in Französisch.

Neben der Presse spielte vor allem auch das Theater mit zahlreichen eigenständigen sephardischen Werken eine wichtige Rolle. Zwar hatten Übersetzungen eine große Bedeutung, vor allem von französischen Autoren wie Molière und Victor Hugo, aber es gab auch Originalwerke über spezifisch jüdische Themen, von den großen Gestalten der biblischen Geschichte bis zu ganz aktuellen Problemen wie etwa der französischen Dreyfus-Affäre. Bei den Romanen und Erzählungen hingegen standen die Übersetzungen europäischer Bestseller, wie Dumas und Hugo, ganz im Mittelpunkt. Die Literatur in judenspanischer Sprache hält noch manche Entdeckung bereit.

In den letzten Jahrzehnten des 19. und den ersten des 20. Jahr-

hunderts veränderte die judenspanische Sprache komplett ihr
Gesicht. Zwar galt weiterhin das grammatische System des klassischen *ǧudezmo* mit seinen lautlichen Archaismen und morpho-
logischen Besonderheiten gegenüber dem Standard-Spanischen;
aber der Wortschatz wandelte sich grundlegend. Waren in der
klassischen Sprache, etwa im *Meʿam loʿez*, die hebräischen Elemente überaus zahlreich und bis in die grammatischen Struktu-
ren hinein bestimmend gewesen, so trat jetzt der Einfluss der
Sakralsprache zurück. Hebräische Lehnwörter wurden auf den
religiösen Bereich beschränkt, es gab sie bald nur noch im Bereich der spezifisch jüdischen Fachtermini (z. B. *ḥakham*, der
«Weise», «Rabbi»; *ḥazzan*, «Vorsänger in der Synagoge»; *killa*
vom hebräischen *qehilla*, «Gemeinde», und dergleichen). Stattdessen drangen nun mit Macht Lehnwörter aus den westeuropäischen Sprachen und dem Türkischen in das Judenspanische
ein. Hier ist zunächst eine Schicht von Entlehnungen aus dem
Italienischen zu nennen, die schon auf ein höheres Alter zurück-
blicken konnte. Italien war ein wichtiger Zufluchtsort für die
1492 aus Spanien vertriebenen Sepharden gewesen (s. o.
S. 84 ff.), der Handel zwischen den Häfen Italiens und der Levante lag vielfach in jüdischer Hand. Ende des 19. Jahrhunderts
kam hinzu, dass Italien nach dem Vorbild Frankreichs seinen
kulturellen Einfluss auszuweiten suchte und mit Hilfe der Socie-
tà Dante Alighieri überall Schulen gründete. Infolgedessen waren Kenntnisse des Italienischen weit verbreitet; das Judenspanische nahm Elemente aus dieser so eng verwandten romanischen
Sprache bereitwillig auf. Das Türkische als Verwaltungssprache
des Reiches und als tägliches Umgangsmedium auf den Basaren
der großen Städte hinterließ ebenfalls tiefe Spuren in der Sprache.

Vor allem aber drang französisches Wortgut mit solcher
Macht in die Sprache ein, dass bald eine spanisch-französische
Mischsprache entstand, die man scherzhaft als *fragnol* bezeich-
net hat. In der Tat scheinen die Grenzen zwischen den beiden
Sprachen fast zu verschwimmen: jedes beliebige französische
Wort kann in das Judenspanische aufgenommen werden, bei
minimaler Anpassung an das iberoromanische Laut- und For-

mensystem. So sagte man statt spanisch *felizmente*, «glückli-
cherweise», nun *orozamente* (nach *heureusement*); statt *desear*,
«wünschen», hieß es *suetar* (von *souhaiter*); und aus *éxito*, «Erfolg», wurde *sukseso* (von *succès*). Es kam auch zur Bildung hy-
brider Formen, bei denen italienische und französische Ein-
flüsse ununterscheidbar zusammenwirken, wie in *pročeder*
«vorgehen» (zugleich ital. *procedere* und franz. *procéder*). Man
diskutierte leidenschaftlich die Frage, ob das Judenspanische
überlebensfähig und überlebenswürdig sei. Manche meinten,
die Sprache der Inquisition habe es nicht verdient, von den Juden konserviert zu werden; sie optierten, im Sinne des aufkom-
menden Zionismus, für das Hebräische als Sprache der Zukunft. Andere sahen das Heil eher in der Integration im Türken-
tum und demzufolge im sprachlichen Übergang zum Türkischen.
Wieder andere schließlich erblickten im Französischen die Sprache von Modernität und Demokratie. Nichtsdestoweniger hielt
sich das französisierte und modernisierte Judenspanisch nicht
nur im mündlichen Gebrauch, sondern auch als Schriftsprache;
immer fand es, neben Verächtern, auch leidenschaftliche Verteidiger. Aus der Sicht der Sprachwissenschaft stellt das moderne
ǧudezmo eine faszinierende Mischung aus den romanischen
Hauptsprachen dar.

3. Das Erbe

Spanier ohne Vaterland

Im Jahre 1880 unternahm ein junger Arzt aus Madrid namens
Ángel Pulido Fernández eine Schiffsreise auf der Donau, von
Wien nach Budapest. Geschäftsreisende, die ihn spanisch reden
hörten, sprachen ihn auf Spanisch an – ein etwas seltsames, an-
tiquiertes Spanisch, eben Judenspanisch. So kam er zum ersten
Mal mit Sepharden in Berührung. Fasziniert ließ er sich über die
Schicksale dieser verlorenen Söhne Spaniens auf dem Balkan
berichten. Pulido machte politische Karriere, stieg schließlich
zum Senator auf, aber das Thema ließ ihn nicht mehr los. 1904

Jüdische Männer in Saloniki, dem «Jerusalem des Balkans», um 1900

kehrte er zurück und erstellte eine umfassende Bestandsaufnahme des Sephardentums in Österreich-Ungarn und im Osmanischen Reich, die er 1905 unter dem Titel *Españoles sin patria*, «Spanier ohne Vaterland», veröffentlichte. Das Buch machte in Spanien tiefen Eindruck; erstmals seit der Vertreibung begann man sich an die Sepharden zu erinnern, die man vier Jahrhunderte zuvor aus ihrer Heimat verstoßen hatte. Pulido hatte hochfliegende Pläne. Allen Sepharden wollte er die spanische Staatsbürgerschaft beschaffen – zum einen als Wiedergutmachung einer historischen Schuld, zum anderen aber auch aus handfesten politischen und ökonomischen Gründen: durch den Verlust der letzten Kolonien im Jahre 1898 war Spanien in eine tiefe psychologische und wirtschaftliche Krise geraten; Pulido sah in der Wiedereingliederung der Sepharden eine Möglichkeit, etwas vom alten Glanz des Imperiums aufleben zu lassen und Einfluss in den aufstrebenden Ländern Südosteuropas zu gewinnen. Unermüdlich propagierte er seine Ideen. 1920 publizierte er sein Buch *Reconciliación hispanohebrea*, «Spanisch-hebräische Versöhnung», und gründete in Madrid das «Universale Haus der Sepharden». 1924 erreichte er endlich von König Alfons XIII. den Erlass eines Dekrets, wonach die Sepharden bei den zuständigen südosteuropäischen Botschaften und Konsulaten die spanische Staatsbürgerschaft erhalten konnten, ein Angebot, das bis 1930 galt. Das Echo war allerdings verhalten. Nur wenige Sepharden machten von dem Angebot Gebrauch, meist, um den Handel mit Spanien zu erleichtern; in Saloniki waren es gerade einmal fünfhundertsechzig Menschen, etwa 1% der jüdischen Bevölkerung. Niemand konnte ahnen, dass ein spanischer Pass bald lebensrettend sein würde.

An dieser Stelle ist es angebracht, einen Blick auf die von Pulido zu Beginn des Jahrhunderts ermittelte Demographie des Sephardentums zu werfen. Vereinfacht sah seine Statistik so aus:

Europäische Türkei	161 000
davon Saloniki	75 000
Istanbul	50 000
Edirne	17 000
Asiatische Türkei	90 000
davon Palästina	30 000
Izmir	25 500
Griechenland	12 500
davon Korfu	6 500
Österreich/Wien	5000
Rumänien/Bukarest	1600
Kleine Gruppen in Budapest, Sarajevo etc.	

Saloniki war immer noch das «Jerusalem des Balkans». Die spanischsprachigen Juden bildeten die Bevölkerungsmehrheit, weit vor Türken, Griechen, Armeniern, Albanern usw. Als 1912 die Stadt an Griechenland gelangte, setzte ein massiver Zustrom von Griechen ein; innerhalb weniger Jahre wurden die Sepharden zur Minderheit. 1917 legte ein verheerender Großbrand weite Teile der Stadt in Schutt und Asche, wobei die jüdischen Viertel besonders betroffen waren. Danach wanderten viele Sepharden in andere Regionen des Balkans, aber auch nach Frankreich, Belgien und in die USA aus, wo sie beispielsweise in Indianapolis eine kompakte Siedlung bildeten. Der Balkankrieg und die Repatriierung von zwei Millionen Griechen aus der Türkei im Jahre 1924 führte zur endgültigen Hellenisierung der Stadt. Aber immer noch bildeten die Sepharden eine bedeutende und geachtete Minderheit. Zu Beginn des Zweiten Weltkriegs betrug ihre Zahl noch etwa 50 000.

Der Holocaust in Saloniki

Am 9. April 1941 marschierten die deutschen Truppen in Saloniki ein. Damit begann für die Sepharden ein langer Leidensweg, an dessen Ende für die meisten der Tod in den Gaskammern von Auschwitz stand. Anfangs suchten die Nazis die Juden in Sicherheit zu wiegen. Der letzte Oberrabbiner, Tsevi Koretz, war ein Bewunderer der deutschen Kultur. Um die jüdische Gemeinde zu beruhigen, behandelten ihn die Nazis zuvorkommend, und tatsächlich beschwichtigte er die Ängste seiner Glaubensgenossen. Niemand wollte glauben, dass Angehörige dieser Kulturnation zu Henkern und Mördern werden konnten. Aber die Maske fiel bald. Im Juli 1942 mussten sich alle Männer auf dem zentralen «Platz der Freiheit» versammeln, wo 1908 die Jungtürken feierlich die Freiheit aller Nationen des Osmanischen Reiches proklamiert hatten. Acht Stunden lang mussten die Männer in glühender Hitze bewegungslos ausharren; wer sich rührte, musste unter dem Gejohle der Folterknechte bis zur Erschöpfung exerzieren. Danach wurden sie zur Zwangsarbeit in Steinbrüchen und beim Straßenbau eingezogen. Im Dezember 1942 machten die Nazischergen den jüdischen Friedhof im Herzen der Stadt mit seinen 300 000 Grabstätten dem Erdboden gleich. Im Februar 1943 traf ein Sonderkommando unter Führung von SS-Hauptsturmführer Dieter Wislicenny ein; dieser hatte sich schon in der Slowakei mit der Durchführung von Deportationen hervorgetan und war nun von Adolf Eichmann beauftragt worden, das Judentum von Saloniki zu vernichten. Die Sepharden der Stadt mussten in kürzester Frist erdulden, was die deutschen Juden in einem quälend langen Leidensweg erfahren hatten. Das Tragen des Judensterns, die Kennzeichnung jüdischer Geschäfte und die Konzentration in einem Ghetto wurden dekretiert – ein Ghetto hatte es in den mehr als vierhundertfünfzig Jahren jüdischer Präsenz in Saloniki niemals gegeben. Die Juden mussten ihre Sterne selber nähen – 100 000 Stück in einer Woche, für jeden Bürger zwei. Außerdem hatten sie ihr gesamtes Vermögen akribisch aufzulisten; sie arbeiteten mit, weil sie glaubten, sich durch Wohlverhalten ihre Peiniger gewogen zu machen. Aber es war nur die Vorstufe zur vollständigen Enteignung; sogar die Liquidation ihres gesamten Vermögens mussten sie selbst organisieren. Juden wurden aus Vereinen ausgeschlossen, durften abends die Straße nicht mehr betreten und keine öffentlichen Verkehrsmittel benutzen. Auf dem Gelände eines Flüchtlingslagers, das einst zur Aufnahme russischer Pogromopfer errichtet worden war, entstand in unmittelbarer Nähe des Bahnhofs ein Konzentrationslager. Von dort aus wurden die Konvois in die Todeslager zusammengestellt.

Durch die Serie von Demütigungen fast willenlos gemacht, ließen sie alles über sich ergehen. Den Opfern wurde vorgegaukelt, sie könnten sich in Polen eine neue Existenz aufbauen. Man tauschte Drachmen gegen wertlose Zlotys ein; eine Heiratswelle brach aus, noch immer war der Lebenswille nicht gebrochen. Dann begannen die Züge zu rollen. Von März bis August 1943 fuhren insgesamt 19 mit Menschen übervoll beladene Güterzüge in Richtung Norden. Sie waren im Schnitt zehn Tage unterwegs; wie viele während der Fahrt starben, verdursteten, zerquetscht wurden oder erstickten, kann niemand sagen. 45 659 Menschen wurden direkt nach Birkenau bei Auschwitz deportiert und dort vergast. Am 7. August 1943 konnte Wislicenny nach Berlin melden: Saloniki judenfrei!

Nur ein kleiner Konvoi mit 441 Personen kam nicht in das Vernichtungslager, sondern «nur» in das Konzentrationslager Bergen-Belsen. Es waren die Privilegierten, die einen spanischen Pass besaßen. Zwar war Franco mit Hitler in Waffenbrüderschaft verbunden, aber eine Vernichtung der Juden wäre ihm nicht in den Sinn gekommen, und die Nazis hatten auf die spanischen Staatsbürger Rücksicht zu nehmen. Nach einem halben Jahr in der Hölle von Bergen-Belsen wurde diese Gruppe quer durch Frankreich nach Spanien verfrachtet, wo man über die Rückkehr dieser verlorenen Kinder nicht eben glücklich war. Eine Weile gewährte man ihnen Aufenthalt in einem Lager bei Barcelona, dann wurden sie nach Casablanca deportiert. Schließlich gelangten sie nach Palästina, von wo aus sie nach Kriegsende in die befreite Heimat Griechenland zurückkehren konnten. Etwa dreihundertfünfzig Sepharden haben auf diese Weise den Holocaust von Saloniki überlebt. Andere retteten sich dadurch, dass sie sich den griechischen Widerstandskämpfern anschlossen und in den Untergrund gingen, wieder andere durch die Flucht nach Athen, das unter italienischer Besatzung stand – die italienischen Faschisten waren zwar mit Hitler verbündet, teilten aber nicht seinen Judenhass.

Im gesamten Holocaust mit seinen Millionen von Toten ist die Vernichtung des Sephardentums von Saloniki nichts als «eine Träne im Ozean» (Manès Sperber). In absoluten Zahlen wurde das aschkenasische Judentum viel stärker getroffen. Aber die Zerstörung des jüdischen Saloniki traf das Sephardentum ins Mark. Es war seines wichtigsten Zentrums beraubt und führte nur noch ein Schattendasein. Die judenspanische Sprache, die viereinhalb Jahrhunderte unbeschadet überstanden hatte, war in ihrer Existenz bedroht; sie führt seither einen prekären Überlebenskampf am Rande des Aussterbens durch völlige Assimilation.

Die Sepharden in der heutigen Welt

Zum wichtigsten Zentrum außerhalb von Israel ist heute Istanbul geworden, wo die Sepharden zahlenmäßig zwar eine kleine Minorität sind (etwa 20 000 von 14 Millionen), aber in Wirtschaft und Gesellschaft einen bedeutenden Platz einnehmen. Die Sprache wird von den Älteren noch aktiv gebraucht, und einige Jüngere versuchen sie sich anzueignen. Es gibt ein *Istanbul Sephardic Center*, das unter anderem an einem neuen Wörterbuch des Judenspanischen arbeitet, sowie ein 1992 zur 500-Jahrfeier der Vertreibung eröffnetes *Museum of Turkish Jews*. Die Wochenzeitschrift *Şalom* enthält eine Seite auf Judenspanisch (in lateinischen Buchstaben mit einer an das Türkische angelehnten Orthographie).

In Saloniki selbst zählt die jüdische Gemeinde heute knapp eintausend Seelen. Seit einigen Jahren ist man hier sehr aktiv bei der Erforschung und Pflege des sephardischen Erbes. Als ich 1982 erstmals im jüdischen Altersheim von Saloniki Aufnahmen mit überlebenden Sprechern machte, war die Thematik öffentlich nicht präsent; die Gemeinde führte ein Leben im Verborgenen. Jetzt finden dort regelmäßig internationale Kongresse zu Geschichte und Kultur der Sepharden statt. Allerdings gab es vor einem Vierteljahrhundert noch aktive Sprecher – heute sind sie verstorben, und die Jüngeren sind vollständig hellenisiert. Nicht nur das Judenspanische ist verschwunden, auch das Französische ist als internationale Verkehrssprache dem Englischen gewichen.

Das wichtigste Zentrum des Sephardentums ist heute der Staat Israel. Nach einem ersten internationalen Kongress über das Judenspanische 1994 in Tel Aviv gibt es immer wieder Kolloquien und Kongresse über sephardische Themen. Der Radiosender *Kol Israel*, «Stimme Israels», hat ein reguläres Programm in judenspanischer Sprache, dessen Verantwortliche seit 1979 auch eine Zeitschrift unter dem Titel *Aki Yerushalayim*, «Hier spricht Jerusalem», herausgeben; darin wird die Sprache in lateinischen Buchstaben nach den Regeln der englischen Orthographie wiedergegeben. Das Judenspanische ist hier durchaus noch lebendig, allerdings beherrscht nur noch ein kleiner Bruchteil der etwa 700 000 als «Sepharden» registrierten Israelis die Sprache noch aktiv. 1997 wurde ein von der Knesset erlassenes Gesetz zur Schaffung einer *Autoridad Nasionala del Ladino* umgesetzt, eine Art Sprachakademie, welche die Kenntnis des Judenspanischen propagieren, den Unterricht darin fördern, Maßnahmen zu seiner Präsenz in den Massenmedien ergreifen, die Publikation entsprechender Bücher unterstützen und historische Dokumentationen erstellen soll. Die ANL dient als Dachorganisation für eine ganze Reihe von Vereinen und Organisationen, die sich für die Belange der sephardischen Kultur einsetzen (*Legado Sefardi, Casa Shalom, Erensia Sefaradi, Ladi-*

nokomunita und andere, alle mit eigener Website). Solche Aktivitäten können den Tod der Sprache verlangsamen; ob sie ihn auf Dauer wirklich verhindern können, muss die Zukunft erweisen.

Im Spanien Francos galt der Katholizismus zunächst als alleinige offizielle Religion, Andersgläubigkeit war ausgeschlossen. Erst im Gefolge des Zweiten Vatikanischen Konzils kam es zu einer allmählichen Öffnung, so dass 1968 erstmals nach über viereinhalb Jahrhunderten in Madrid eine Synagoge eröffnet werden konnte. Um dies zu ermöglichen, veröffentlichte die spanische Regierung ein informelles Dekret, wonach das Vertreibungsedikt der Spanischen Könige von 1492 für unwirksam erklärt wurde; im Regierungsbulletin erschien es allerdings nicht. 1978 lebten schon 12 000 Juden in Spanien, vor allem in Barcelona, Madrid und Málaga. In dieser Zeit des demokratischen Wandels wurde auch die Exklusivität des Katholizismus aufgehoben, er war nun nicht mehr Staatsreligion. 1986 folgte die Aufnahme diplomatischer Beziehungen zu Israel. Im Jahre 1992 zelebrierte man nicht nur die 500-Jahr-Feier der Entdeckung der Neuen Welt, sondern auch die weniger rühmlichen Aspekte der spanischen Geschichte, so die Eroberung des Königreichs von Granada und die Vertreibung der Juden. König Juan Carlos I. besuchte am 1. April 1992 die Synagoge von Madrid, entschuldigte sich für den «Akt der Barbarei», den seine Vorgänger fünfhundert Jahre zuvor begangen hatten, und setzte das Vertreibungsedikt feierlich und unwiderruflich außer Kraft. Die Vereinigung *Erensia Sefaradi* verlieh ihm daraufhin 1994 ihren Preis «Ángel Pulido», benannt nach dem Senator, der sich unermüdlich für die Aussöhnung zwischen Spaniern und Juden eingesetzt hatte.

Heute sind die Beziehungen zwischen Spanien und der jüdischen Welt, und auch dem Staat Israel, eng und herzlich. Das sephardische Erbe wird als integraler Bestandteil der hispanischen Kultur angesehen und entsprechend zelebriert. Man ist stolz auf die großen Dichter, Philosophen und Wissenschaftler jüdischer Herkunft im spanischen Mittelalter, sowie auf die großen Gestalten der sephardischen Kultur nach der Vertreibung.

Umgekehrt bekennen sich die Sepharden heute ungebrochener denn je zu ihrem hispanischen Erbe, das sie, trotz aller Leiden, die sie erdulden mussten, nie wirklich verleugnet hatten. Im Gegenteil, der Stolz auf die eigene spanische Identität hat sich über all die Jahrhunderte hinweg gehalten. In manchen sephardischen Familien wird nicht nur das Wissen darüber bewahrt, aus welcher spanischen Stadt man stammt, sondern auch, als materielles Symbol für die verlorene, aber immerzu ersehnte Heimat, der uralte, rostige Schlüssel des verlassenen Hauses in Toledo, Madrid oder Zaragoza, zu dem man auch nach fünfhundert Jahren irgendwie zurückkehren möchte. In der langen Geschichte ihrer Diaspora hatten sich die Juden nirgendwo so verwurzelt, waren sie niemals so heimisch geworden wie im mittelalterlichen Spanien. Die Grausamkeit der Vertreibung hat dieses Zugehörigkeitsgefühl zu keiner Zeit wirklich zerstört. Ich selbst habe bei meinen hochbetagten Gewährsleuten in Saloniki Zeugnisse eines starken spanischen Nationalstolzes vorgefunden. Ganz unabhängig vom Pass, einem fast beliebigen Stück Papier, fühlten sie sich noch immer dem Spaniertum profund zugehörig.

Die *Judeus* von Belmonte in Portugal

Vertreibung und Unterdrückung haben das Judentum auf der Iberischen Halbinsel nicht ganz auslöschen können. Wir kommen nochmals auf die schicksalsträchtigen Jahre von 1492 bis 1497 und ihre Auswirkung in Portugal und Spanien zurück. Mit diesen Überlegungen schließt sich der Kreis. Es wird deutlich, wie beharrlich manche Juden in ihrer angestammten Heimat am Glauben ihrer Vorväter festgehalten haben. Die Frage der jüdischen Identität und des Aufeinanderprallens unterschiedlicher Absolutheitsansprüche stellt sich hier mit aller Schärfe. Gehen wir zunächst auf das Fortleben des Kryptojudaismus in Portugal ein.

Erinnern wir uns: König Manuel I., bewegt von dem Wunsch, möglichst alle Juden dem christlichen Glauben zuzuführen, hatte die Flüchtlinge aus Spanien und seine eigenen jüdischen Untertanen 1497 in Lissabon in eine Falle gelockt, aus der es kein Entrinnen gab. Im Unterschied zu den Juden in Spanien, denen immerhin noch der Weg ins Exil offengeblieben war und die schon zuvor, zwischen 1391 und 1492 in immer neuen Wellen nach und nach konvertiert waren, wurden die Sepharden in Portugal auf einen Schlag und mit beispielloser Brutalität getauft. Daraus konnte nur ein starker Widerstandswille erwachsen, der das Kryptojudentum in Portugal tiefe Wurzeln schlagen ließ. Im Grunde ist dieser Ausdruck jedoch irreführend. Es war kein heimliches, sondern ein transformiertes Judentum, das in Portugal breit gelebt wurde; es kam zu einer «Metamorphose» des ursprünglichen Glaubens, wie es Yosef Hayim Yerushalmi formuliert hat.

Niemand konnte es wagen, die zentralen Riten und Gebote des Judentums zu befolgen, auch nicht heimlich. So war die Beschneidung selbstverständlich unmöglich, wurde doch jeder, auf den auch nur der Schatten eines Verdachtes fiel, zuallererst einmal körperlich auf das Vorhandensein seiner Vorhaut überprüft. Die Religion musste mündlich weitergegeben werden, denn der Besitz und die Lektüre heterodoxer Schriften war lebensgefährlich. So hielten sich im Laufe von Jahrhunderten zwar allgemeine Grundeinstellungen, aber die Kenntnisse der Details gingen nach und nach verloren. Man bewahrte ein Gefühl des Andersseins, der mehr oder minder diffusen inneren Ablehnung christlicher Dogmen, konnte aber das differenzierte talmudische Wissen nicht über Generationen hinweg tradieren, weil es dazu eines entwickelten Schulwesens und schriftlicher Überlieferung bedurft hätte. Rituelle Vorschriften konnten in sekundären Aspekten aufrechterhalten werden. So war es zwar unmöglich, auf Schweinefleisch völlig zu verzichten, da dies sofort Verdacht erregt hätte, aber immerhin konnte man die Spannader vom Hüftgelenk eines geschlachteten Tieres entfernen, um der biblischen Vorschrift zu genügen (vgl. Gen. 32.33), und man konnte es vermeiden, tierisches Blut und Fett zu essen (vgl. Lev. 3.17). Die Kenntnis des Hebräischen verschwand rasch, aber heimlich nannte man Gott immer noch *Adonay*, und einzelne Sätze aus der Liturgie haben sich, obgleich unverstanden, bis in die Gegenwart gehalten. Die biblische Esther, die ihr Judentum verleugnen musste, um zu König Ahasver vordringen zu können, wurde eine Art Prototyp des Marranentums; in ihrer Beharrlichkeit und Selbstverleugnung sah man ein Vorbild und verehrte sie als *a santa rainha Ester*, «die heilige Königin Esther». Auch Moses und sogar verbrannte Glaubensgenossen wurden als Heilige verehrt. Es entwickelte sich so etwas wie ein ganz unkatholisches Pantheon von jüdischen Schutzpatronen.

Zwar schaffte der aufklärerische Marquês de Pombal die Verfolgung der Marranen in Portugal offiziell ab – 1768 wurden die Verzeichnisse der neuchristlichen Familiennamen vernichtet, 1771 die Autodafés verboten und 1773 per königlichem Dekret jegliche Diskriminierung von Neuchristen untersagt –, doch lebte die Spaltung der Gesellschaft fort. Als 1807 die napoleonischen Truppen Portugal besetzten und Kirchen und Klöster entweihten, glaubte man im Volk an eine marranische Verschwörung, und der Ruf ertönte: «Tod den Jakobinern und den Juden!» Offiziell war jedoch von Juden, Marranen oder sonstigen Nichtkatholiken im Portugal des 19. Jahrhunderts keine Rede mehr. Erst im 20. Jahrhundert wurden die Kryptojuden von Nord-Portugal wiederentdeckt, was in ganz Europa als Sensation empfunden wurde.

Samuel Schwarz (1880–1953), ein polnischer Bergbau-Ingenieur, stieß 1917 bei seinen Reisen in die entlegenen Regionen im Nordosten des Landes in Belmonte am Fuß der Serra da Estrela nahe der spanischen Grenze auf Menschen, die von ihren Nachbarn verächtlich als *Judeus* bezeichnet und sozial gemieden wurden. Neugierig versuchte er, sie anzusprechen, und gab sich selbst als Jude zu erkennen. Doch die misstrauischen Marranen wollten ihm nicht abnehmen, dass es in der Außenwelt noch andere Juden als sie selbst gab. Erst als er ihnen das Glaubensbekenntnis auf Hebräisch rezitierte, in dem das Wort *Adonay* für «Gott» vorkommt, erkannten sie ihn als Juden. Schwarz wurde Erforscher und Propagandist des portugiesischen Marranentums; an zahlreichen Orten im Norden des Landes entdeckte er kryptojüdische Gruppen. 1925 publizierte er ein Buch mit dem Titel *Os cristãos novos em Portugal no sé-*

culo XX, «die Neuchristen in Portugal im 20. Jahrhundert», das in der jüdischen Welt größtes Aufsehen erregte. Man wollte kaum glauben, dass in dieser abgelegenen Landschaft der jüdische Glaube, wenn auch in rudimentärer Form, über vier Jahrhunderte inquisitorische Unterdrückung und Verfolgung überstanden hatte. In London, Amsterdam, Paris und New York gründete man Hilfskomitees, um diesen verlorenen Seelen die offene Rückkehr zum Glauben ihrer Väter zu ermöglichen. Carlos de Barros Basto (1887–1961), ein hochdekorierter Offizier der portugiesischen Armee, schloss sich diesen Bemühungen an. Er entstammte einer Marranenfamilie und war nach dem Ersten Weltkrieg offen zum Judentum zurückgekehrt. Barros Basto studierte Hebräisch, ließ sich beschneiden und predigte seinen Glaubensgenossen unermüdlich das offene Bekenntnis zum Judentum. In Porto gründete er, mit Unterstützung von Baron Rothschild aus Paris, eine Synagoge, eine Yeshiva (religiöse Schule) und eine hebräischsprachige Zeitschrift. Nach seinem Vorbild «outeten» sich viele Marranen in Belmonte, Covilhã, Bragança und andernorts. 1935 wurde sein Eifer brutal gestoppt; man warf ihm unsittliche Beziehungen zu seinen Schülern vor und schloss die Yeshiva. Konservative Kreise hatten dieses Gerücht lanciert, um dem «jüdischen Treiben» ein Ende zu bereiten. Sein militärischer Rang wurde ihm aberkannt, er wurde eine Art portugiesischer Dreyfus und starb Jahrzehnte später isoliert und verbittert. Die von Schwarz und ihm initiierte Marranenbewegung geriet wieder in Vergessenheit.

Mitte der 1980er Jahre bereiste Frédéric Brenner (geb. 1959), französischer Dokumentarfilmer und Photograph der weltweiten jüdischen Diaspora, den Norden Portugals auf der Suche nach den Kryptojuden. Überall stieß er auf Erinnerungen, Gerüchte, Hinweise, aber letztlich nur in Belmonte auf eine greifbare, von allen als solche wahrgenommene jüdische Minorität. 1989 brachte er seinen Film *Les derniers marranes* heraus, 1992 folgte eine photographische Dokumentation mit einzigartigen Einblicken in die seelische Verfassung dieser Minderheit und ihre soziale Einbettung. In Belmonte weiß jeder, wer die *Judeus* sind; die Kinder rufen ihnen Spottverse nach. Man verachtet sie, weil

sie angeblich körperliche Arbeit scheuen und nur auf Geldge-
schäfte aus sind. Der Priester des Ortes meint, sie «spielen mit
beiden Religionen». Und die «Juden» selbst empfinden noch am
Ende des 20. Jahrhunderts Angst vor einer vagen Bedrohung;
wenn sie sich dem Photographen offenbaren, könnte ihnen
Schreckliches zustoßen, obwohl sie natürlich wissen, dass es
längst keine Inquisition mehr gibt. Zur Feier des Pesaḥ-Festes
werden die Vorhänge zugezogen, damit niemand von außen zu-
schauen kann. Ihr Glaube an den Einen Gott ist unerschütter-
lich; er ist für sie *Altíssimo Senhor*, «der Allerhöchste», eine
durch und durch jüdische Formel. Beim Betreten der Kirche
murmeln sie: «Ich komme nicht hierher, um Holz und Steine
anzubeten, sondern den Allerhöchsten.»

Nachdem Portugal durch die Nelkenrevolution eine Demokratie geworden war, verschwand die traditionelle Bindung von
Staat und Kirche. Ministerpräsident Soares bat 1989 öffentlich
und in aller Form die Juden im Namen Portugals um Verzei-
hung für die Verfolgung, der sie ausgesetzt waren. Eine neue
Bewegung entstand, angeführt von Elias António de Sousa
Nunes, einem Marranen aus Belmonte. Seiner Auffassung nach
sollte man zum universalen Judentum zurückkehren, zu der Religion, die vor 1497 in Portugal und heute überall auf der Welt
praktiziert wird. Aber die ältere Generation sträubt sich; für sie
ist das marranische Judentum mit seinen heimlichen Riten und
Traditionen die wahre Religion, gerade in seinem zweideutigen
Pendeln zwischen Katholizismus und Mosaismus. Dieses «me-
tamorphisierte» Judentum sehen sie als die Religion an, für die
ihre Vorväter gelitten haben und die daher das Siegel der Geschichte trägt.

1997 wurde in Belmonte eine neue Synagoge eingeweiht.
Heute ist die jüdische Vergangenheit (und Gegenwart) des Ortes
Teil einer Folklore, die für den Tourismus vermarktet wird. Belmonte wirbt mit zweierlei: Es ist zum einen der Geburtsort von
Álvaro Cabral, der im Jahre 1500 Brasilien entdeckt hat, und
zum anderen das letzte Refugium des ursprünglichen portugiesischen Judentums. Selbst der mittelalterlichen Synagoge von
1297 wird heute wieder gedacht.

Die *Chuetas* von Palma de Mallorca

Der Fall der *Chuetas* von Palma ist ganz anders gelagert als derjenige der Kryptojuden von Belmonte. Ging es dort um eine verborgene Minderheit, die in einem entlegenen ländlichen Gebiet bis heute heimlich am überlieferten Glauben festgehalten hat, so handelt es sich hier um eine prominente städtische Elite, die seit Jahrhunderten ganz normale Katholiken sind, aber von ihrer Umgebung immer noch als Abkömmlinge von Juden diskriminiert werden. Die Chuetas sind ein Musterbeispiel für die These, die Jean-Paul Sartre in seinen «Überlegungen zur Judenfrage» aufgestellt hat: Zum Juden wird man von der sozialen Umgebung gemacht; Jude ist, wer als Jude angesehen und behandelt wird.

Als *Chuetas*, katalanisch *Xuetes*, bezeichnet man eine soziale Minderheit in Palma de Mallorca, die als Nachfahren von Kryptojuden des ausgehenden 17. Jahrhunderts angesehen werden; ihre Zahl wird auf 5 % der Stadtbevölkerung von 400 000 Menschen geschätzt. Bis heute bilden sie eine besondere Schicht; bis vor kurzem galt Endogamie, das heißt, man heiratete nur innerhalb der Gruppe. Sie nehmen im wirtschaftlichen und kulturellen Leben eine führende Rolle ein; nach Jahrhunderten der Herabsetzung gilt es heute eher als «chic» ein Chueta zu sein, viele sind stolz auf ihre Zugehörigkeit. Der Name wird von dem katalanischen Wort *xulla*, «Speck», abgeleitet und hat demnach eine ähnliche Bedeutung wie das spanische *marrano*: Das tabuisierte Schweinefleisch wird zum Etikett einer Gruppe, deren Essgewohnheiten man dem Spott aussetzt. In Palma sagt man auch *xuetó*, eine Verkleinerungsform von *xueu*, also «Jüdlein» oder aber «Judenschinken».

Zunächst unterschieden sich die Geschicke der mallorquinischen Juden nicht von denen in anderen Regionen der Iberischen Halbinsel. Nach der christlichen Wiedereroberung im Jahre 1229 wurde ein Judenviertel errichtet, das wie in Barcelona oder Gerona den Namen *Call* erhielt, vom hebräischen *qahal*, «Gemeinde». 1435 trat die Judenschaft von Mallorca geschlossen zum Christentum über. Wie anderswo gab es auch

hier einzelne Kryptojuden, die von der Inquisition seit 1478 verfolgt wurden, aber da die Inquisition ihre Aktivität auf Kryptomuslime und Lutheraner konzentrierte, gab es von 1545 bis
1675 keine Prozesse wegen Judaisierens – die Nachfahren der
Juden lebten als normale Katholiken. Allerdings wusste man
noch, wer von Juden abstammte; der Verdacht blieb immer lebendig. Dann brach plötzlich eine Welle von Anklagen und Ver-
urteilungen über sie los. Die Inquisition entdeckte angebliche
Fälle von heimlichem Judaisieren und unterwarf eine Reihe von
Verdächtigen ihren strengen Verhören; die Angeklagten denun-
zierten, unter Druck oder Folter, andere Personen, und so zog
die Affäre immer weitere Kreise. Schließlich wurden 1691 vier
Autodafés veranstaltet, mit gewaltigem Gepränge und unter
großer Anteilnahme der Bevölkerung. Die Verurteilten mit ihren Sambenitos zogen in einer langen Prozession durch die Stadt,
bis zu einem Platz unterhalb des Schlosses von Bellver, wo die
Scheiterhaufen entzündet wurden. Wer nicht bei lebendigem
Leibe verbrannt wurde, verlor zumindest sämtlichen Besitz, und
viele wurden zu langer oder gar lebenslanger Kerkerhaft verurteilt. Wie üblich wurden die Sambenitos danach öffentlich aus-
gestellt, und zwar in der Kirche der Dominikaner, die bei der
Verfolgung eine besonders aktive Rolle gespielt hatten. Betroffen
waren Angehörige von insgesamt fünfzehn Familien.

Bis dahin glichen die Vorkommnisse in Palma dem, was sich
damals auch andernorts in Spanien abspielte. Den entscheidenden Unterschied brachte ein Buch; schon im selben Jahr 1691
veröffentlichte der Jesuit Francisco Garau einen detaillierten
Bericht über die Verbrennungen unter dem Titel *La fe triunfan-
te*, «der triumphierende Glaube». Der Autor begnügte sich nicht
mit einer Schilderung der Autodafés, vielmehr gab er auch die
Details über jeden einzelnen der Angeklagten der Öffentlichkeit
preis, einschließlich ihrer umgangssprachlichen Beinamen *(apo-
dos)*, die in Spanien so wichtig sind. So erfuhr die begierige Le-
serschaft präzise schwarz auf weiß, wer «zu denen da» gehörte;
alle anderen konnten sich dem wohltuenden Gefühl hingeben,
als makellose Katholiken gelten zu dürfen. Das Buch wurde
zum Bestseller. Es erschienen mehrere Nachdrucke, zuletzt noch

im Jahre 1931. Ein mallorquinischer Autor schrieb 1901: «In den Annalen unserer Bibliographie gibt es kein populäreres Buch als dieses, in allen Klassen der Bevölkerung. Alle lesen es, Angehörige der Oberschicht ebenso wie Bauern, kleine Kinder ebenso wie Frauen, die es mit Mühe entziffern können.» Mit dieser Publikation wurden die fünfzehn Familiennamen der Verurteilten auf Dauer mit dem Makel ihrer Herkunft behaftet. Die Diskriminierung wurde auf ewig festgeschrieben. Die Sambenitos wurden nicht, wie sonst üblich, nach einer gewissen Weile wieder aus der Kirche entfernt, vielmehr blieben sie 129 Jahre lang hängen. Sie waren ein beliebtes Ausflugsziel der Inselbevölkerung; Väter zeigten sie ihren Söhnen: «Schaut, das sind die Namen der perfiden Gottesmörder!» Ende des 18. Jahrhunderts versuchte die mittlerweile (fast) aufgeklärte weltliche Obrigkeit, sie entfernen zu lassen, was aber an Protesten im Volk und in der Geistlichkeit scheiterte. Erst 1820 wurden sie verbrannt. Das Buch jedoch wirkte weiter. 1857 erschien, auf der Basis von Garau, ein weiteres Werk unter dem Titel *La sinagoga balear*. Die fünfzehn Familien blieben für immer geächtet.

Die Chuetas unterschieden sich durch nichts von den übrigen Einwohnern von Palma, weder religiös noch rassisch oder sprachlich. Sie waren normale Katholiken, ohne Kenntnis des Judentums, seiner Riten und Glaubensinhalte. Sie waren stigmatisiert als Nachfahren der Inquisitionsopfer von 1691. Drei Faktoren wirkten bei der Ausgrenzung zusammen: Name, Wohnort und Familienbande.

Der Name war das wichtigste. Wer einen der fünfzehn Familiennamen trug, gehörte dazu, alle anderen nicht. Diese Namen sind zum teils ganz unspezifisch, z. B. Fuster oder Miró; außerhalb von Mallorca, etwa in Katalonien, käme niemand auf den Gedanken, sie mit dem Judentum zu assoziieren. Es gab und gibt in Palma Familien mit Namen, die viel jüdischer klingen (ein bekannter Buchhändler heißt beispielsweise Xavier Abraham), aber da sie nicht zu den Verurteilten von 1691 gehören, wird nach jüdischen Vorfahren nicht gefragt. Die Namen haben eine fast magische Macht unwiderruflicher Festlegung.

Sodann war das Stadtviertel wichtig: ein Straßenzug mit Nebenstraßen im Herzen der Altstadt, die man einfach *el carrer*, «die Straße» (schlechthin), nannte. Es ist die heutige Calle de la Argentería, die Straße der «Silberschmiede», die sich von der Kirche Santa Eulalia nach Norden zur Plaza Mayor zieht; dies ist nicht das mittelalterliche Judenviertel *el Call*, das weiter südlich liegt. Mit seinen verwinkelten, lichtlosen Hinterhöfen war dieses Viertel ein Sorgenkind der Stadtverwaltung, dessen notwendige Sanierung erst im 20. Jahrhundert durchgeführt wurde. Es war ein Ghetto, ohne physische Mauern, aber dafür mit umso wirksameren Barrieren in den Köpfen der Menschen. Wer dort lebte, war für immer «befleckt».

Schließlich spielte die Endogamie eine wichtige Rolle. Mallorquiner aus «guten» Familien vermieden es strikt, sich mit Chuetas zu verbinden. 1909 erzählte der spanische Autor Vicente Blasco Ibáñez die Geschichte einer unglücklichen Beziehung zwischen einem verarmten Adligen und einer reichen Chueta-Frau; trotz ihrer Liebe scheiterte ihre Verbindung an den herrschenden gesellschaftlichen Vorurteilen.

Ungeachtet vielfältiger Bemühungen der spanischen Monarchen gab es Diskriminierungen bis fast in unsere Gegenwart. Ende des 19. Jahrhunderts konnten vereinzelt Chuetas zu Priestern geweiht werden; es kam aber vor, dass die aufgebrachte Gemeinde nach der Predigt die Kanzel in Brand setzte oder dass jemand dem Pfarrer ein Stück Schweinespeck ins Messbuch steckte. Erst in der Zeit der Spanischen Republik in den 1930er Jahren durfte ein Chueta offiziell als Priester in der Kathedrale von Mallorca wirken. Von 1979 bis 1991 war ein Chueta Bürgermeister der Stadt; er wurde oft von seinen politischen Gegnern als «Jude» verunglimpft. Eine Umfrage der Universität der Balearen ergab noch 2001, dass ein Drittel der Bevölkerung keine Freundschaft mit einem Chueta wünscht. Heute verlieren infolge der Demokratisierung von Spanien und der Internationalisierung der Insel in Zeiten des Massentourismus solche Dinge allmählich ihre Bedeutung.

Auf der anderen Seite gab es auch einzelne Chuetas, die zu ihren jüdischen Wurzeln zurückkehren wollten. Cayetano Martín Valls (einer der fünfzehn Familiennamen), ein einfacher Handwerker aus Inca, nördlich von Palma, predigte ein Christentum der Armut und eine Rückkehr zum Urchristentum des Rabbi Jesus. Er schuf einen «cristianismo chueta» als synkretistische Verbindung zwischen Judentum und Katholizismus durch die Rückbesinnung auf die gemeinsamen Wurzeln. Aber seine Anhänger gerieten ins Niemandsland zwischen den Welten. 1959 emigrierten dreißig Familien nach Israel und beantragten die Anerkennung als Juden, die ihnen aber von den israelischen Behörden verweigert wurde. Der bekannte britische Historiker Robert Graves (1895–1985), der in Mallorca zu Hause war, bezeichnete in den 1950er Jahren die Chuetas als «toten Zweig des Judentums». Vielleicht hat dieser Zweig doch noch Leben in sich, zumindest gibt es dafür gewisse Indizien. 1977 emigrierte ein junger Mann namens Nicolau Aguiló (ein weiterer der fünfzehn Familiennnamen) nach Israel, konvertierte zum Judentum, studierte den Talmud in einer Yeshiva und ließ sich 1991 zum Rabbiner ordinieren – der erste Rabbi mallorquinischer Herkunft seit sechseinhalb Jahrhunderten. Eine Angehörige der Familie Forteza (ebenfalls einer der fünfzehn Familiennamen) führt eine Buchhandlung mit einer großen Judaica-Abteilung, die darüber hinaus internationale Kolloquien zu jüdischen Themen organisiert.

Chueta zu sein ist heute kein Schandfleck mehr, eher im Gegenteil. Eine ferne jüdische Vergangenheit wird nach jahrhundertelanger Verdrängung wiederbelebt. So hat der soziale Druck von außen am Ende zur Veränderung der von innen heraus empfundenen Identität geführt. Die Chuetas von Mallorca stehen beispielhaft für die soziale Bedingtheit des Judeseins, die als imaginäres Konstrukt beginnt, dann aber eine Eigendynamik entfaltet, an deren Ende eine psychologisch-religiöse Realität steht.

Literaturhinweise

Alcalá, Ángel: *Judíos, sefarditas, conversos. La expulsión de 1492 y sus consecuencias.* Valladolid: Ámbito 1995.

Alpert, Michael: *Criptojudaísmo e Inquisición en los siglos XVII y XVIII. La ley en la que quiere vivir y morir.* Barcelona: Ariel 2001.

Arnold, Rafael: *Spracharkaden. Die Sprache der sephardischen Juden in Italien im 16. und 17. Jahrhundert.* Heidelberg: Winter 2006.

Ashtor, Eliyahu: *The Jews of Moslem Spain.* 3 Bände. Philadelphia: Jewish Publication Society of America 1973–1984 [urspr. hebräisch 1966].

Baer, Yitzhak: *Historia de los judíos en la España cristiana.* 2 Bände. Barcelona: Riopiedras 1998 [urspr. hebräisch 1945].

Ballesteros, Carmen/Ruah, Mery: *Os judeus sefarditas entre Portugal, Espanha e Marrocos.* Lisboa: Edições Colibri 2004.

Bel Bravo, María Antonia: *Sefarad. Los judíos de España.* Madrid: Sílex 1997.

Benbassa, Esther: *Die Geschichte der sephardischen Juden. Von Toledo bis Saloniki.* Bochum: Winkler 2005.

Bossong, Georg: *Das Wunder von al-Andalus. Die schönsten Gedichte aus dem Maurischen Spanien. Aus dem Arabischen und Hebräischen übersetzt.* München: Beck 2005.

Brenner, Frédéric/Yerushalmi, Yosef Hayim: *Marranes.* Paris: La Différence 1992.

Bronisch, Alexander Pierre: *Die Judengesetzgebung im katholischen Westgotenreich von Toledo.* Hannover: Hahnsche Buchhandlung 2005.

Cortés i Cortés, Gabriel: *Historia de los judíos mallorquines y de sus descendientes cristianos.* Palma de Mallorca: Miquel Font ²2000.

Díaz-Mas, Paloma: *Los sefardíes. Historia, lengua y cultura.* Barcelona: Riopiedras ³1997.

García Moreno, Luis: *Los judíos de la España antigua. Del primer encuentro al primer repudio.* Madrid: Rialp 1993.

Gonzalo Maeso, David: *El legado del judaísmo español.* Madrid: Trotta 2001.

Graetz, Heinrich: *Geschichte der Juden. Von den ältesten Zeiten bis auf die Gegenwart.* 11 Bände. Leipzig 1897 ff. [Nachdruck Berlin: Arani 1998].

Lacave, José Luis, et al.: *Sefarad, Sefarad. La España judía.* Barcelona: Lunwerg 1987.

Laenen, J. H.: *La mística judía. Una introducción.* Madrid: Trotta 2006.

Leroy, Béatrice: *L'expulsion des juifs d'Espagne.* Paris: Berg International 1990.

Levy, Avigdor: *The Jews of the Ottoman Empire.* Princeton: The Darwin Press 1994.

Mazower, Mark: *Salonica, city of ghosts: Christians, Muslims, and Jews, 1430–1950.* London: HarperCollins 2004.

Méchoulan, Henry: *Les juifs d'Espagne. Histoire d'une diaspora 1492–1992.* Paris: Liana Levi 1992.

Molho, Michael/Néhama, Joseph: *In Memoriam. Gewidmet dem Andenken an die jüdischen Opfer der Naziherrschaft in Griechenland.* Israelitische Gemeinde Thessalonikis. Essen: P. Katzung 1981.

Néhama, Joseph: *Histoire des Israélites de Salonique.* 7 Bände. Thessaloniki: Librairie Molho/Communauté Israélite de Thessalonique 1936–1978. (Eine Auswahl dieses

Werkes wurde herausgegeben von Lilli Herschhorn: *Zuflucht Saloniki: Die Sephar-den im osmanischen Exil.* Bochum: Winkler 2005)

Pérez, Joseph: *La inquisición española.* Madrid: Martínez Rica 2002.

Pérez, Joseph: *Los judíos en España.* Madrid: Marcial Pons 2005.

Renard, Raymond: *Sepharad. Le monde et la langue judéo-espagnole des Séphardim.* Mons: Annales Universitaires 1966.

Romero, Elena: *La creación literaria en lengua sefardí.* Madrid: MAPFRE 1992.

Roth, Cecil: *Los judíos secretos. Historia de los marranos.* Madrid: Altalena 1979.

Sáenz-Badillos, Ángel: *Judíos entre árabes y cristianos. Luces y sombras de una convi-vencia.* Córdoba: El Almendro 2000.

Saraiva, António José: *Inquisição e cristãos-novos.* Lisboa: Estampa 1985.

Scholem, Gershom: *Die jüdische Mystik in ihren Hauptströmungen.* Zürich: Rhein-Verlag 1957 [Nachdruck Frankfurt am Main: Suhrkamp 2004].

Stallaert, Christiane: *Ni una gota de sangre impura. La España inquisitorial y la Alema-nia nazi cara a cara.* Barcelona: Galaxia Gutenberg 2006.

Studemund-Halévy, Michael: *Die Sefarden in Hamburg. Zur Geschichte einer Minder-heit.* 2 Bände. Hamburg: Buske 1994/1997.

Suárez Fernández, Luis: *Judíos españoles en la Edad Media.* Madrid: Rialp ²1988.

Trigano, Shmuel: *Le monde sépharade.* 1. Histoire. 2. Civilisation. Paris: Seuil 2006.

Wallenborn, Hiltrud: *Bekehrungseifer, Judenangst und Handelsinteresse. Amsterdam, Hamburg und London als Ziele sefardischer Migration im 17. Jahrhundert.* Hild-esheim: Olms 2003.

Zimmels, Hirsch Jacob: *Ashkenazim and Sephardim: Their relations, differences and problems as reflected in the rabbinical responsa.* Hoboken, NJ: Ktav 1976.

Nachweis der Abbildungen und Karten

Vordere Umschlaginnenseite: Entwurf und Bearbeitung: Hans-Jörg Döhla nach *Atlas de la «Reconquista»* von Jesús Mestre Campi u. Flocel Sabaté, Barcelona: Península 1998, S. 55, und *Atlas de Historia de España* von Fernando García de Cortázar, Barcelona: Planeta 2005, S. 248

Hintere Umschlaginnenseite: Entwurf und Bearbeitung: Hans-Jörg Döhla nach *Atlas de Historia de España* von Fernando García de Cortázar, Barcelona: Planeta 2005, S. 262

Seite 8: © picture-alliance/dpa/dpaweb

Seite 29: © Vorndran/SchalomNet

Seite 30: © akg-images/Bildarchiv Monheim

Seite 77: Aus: Nicholas de Lange: *Illustrierte Geschichte des Judentums.* Frankfurt am Main: Campus 2000

Seite 78: © akg-images

Seite 83: © Rue des Archives/Bilderdienst Süddeutscher Verlag

Seite 91: Aus: Moshé Lazar (Ed.): *The Ladino Bible of Ferrara 1553,* Culver City, CA: Labyrinthos 1992

Seite 108: © YIVO Institute for Jewish Research

Personenregister